Collection V. LUNEAU

3ᵉ PARTIE

MONNAIES
FRANÇAISES

MONNAIES FRANÇAISES

GAVLOISES - MÉROVINGIENNES - CAROLINGIENNES - CAPÉTIENNES
et de la RÉVOLUTION A NOS JOURS

Collection V. LUNEAU (3e partie)

PRIX D'ADJUDICATION

VENTE DES LUNDI 5, MARDI 6, MERCREDI 7 ET JEUDI 8 FÉVRIER 1923

HOTEL DROUOT, Salle N° 8

M° André Desvougrs, Commissaire-Priseur

M. Clément Platt, Expert, 19, rue des Petits-Champs, Paris

Catalogue de 92 pages (1151 Nos) illustré de 24 planches

Prix : 10 francs

N°	Prix	N°	Prix	N°	Prix	N°	Prix
1	26	35	16	70	50	106	18
2	101	36	17	71	21	107	63
3	14	37	29	72	28	108	5
4	15	38	38	73	15	109	200 ✗
5	82	39	13	74	34	110	145
6	25	40	12	75	18	111	250 ✓
7	13	41	22	76	15	112	130
8	30	42	15	77	16	113	180
9	51	43	12	79	23	114	60
10	48	44	16	80	55	115	100
11	42	45	28	81	44	116	26
12	32	46	12	82	32	117	12
13	110	47	35	83	9	118	25
14	14	48	44	84	28	119	34
15	47	49	62	85	29	120	26
16	25	50	72	86	27	121	34
17	28	51	19	87	20	122	35
18	8	52	26	88	50	123	13
19	31	53	22	89	21	124	42
20	16	54	16	90	21	125	62
21	52	55	10	91	19	126	42
22	78	56	12	92	15	127	20
23	115	57	38	93	12	128	9
24	31	58	42	94	16	129	45
25	11	59	60	95	16	130	28
26	30	60	46	96	16	131	15
27	23	61	50	97 et 98	15	132	52
28	22	62	14	99	30	133	52
29	18	63	12	100	13	134	8
30	27	64	23	101	4	135	15
31	21	65	30	102	6	136	30
32	31	66	30	103	30	137	13
33	20	67	26	104	13	138	14
34	16	68 et 69	10	105	12	139	102

N°	Nombre
140	4
141	[illegible]
142	8
143	18
144 et 145	[illegible]
146	13
147	8
148	7
149	13
150	18
151	40
152	31
153	14
154	30
155	22
156 à 157 bis	17
158	25
159	12
160	110
161	29
162	27
163	13
164	32
165	3
166	18
167	185
168	135
169	200 (×)
170	8
171	155
172	65
173	17
174 et 175	15
176	9
177	5
178	11
179	12
180 et 181	28
182	13
183	21
184	12
185 et 186	25
186 bis et 187	23
188	28
189	4
190	95
191	105
192	180
193	20
194 et 195	17
196 et 197	30
198	47
199	8
200	9
201	10
202	6
203	12
204	7
205	95
206	15
207 et 208	17
209	50
210	110
211	70
212	22
213	25
214	185
215	160
216	6
217	70
218 et 219	56
220	30
221 et 222	40
223 à 236	[illegible]
237	62
238	73
239	180
240	32
241	10
242	33
243	145
244	149
245 et 246	20
247	10
248	30
249	10
250 et 251	14
252 et 253	11
254 et 255	15
256	5
257	70
258 et 259	18
260	40
261	34
262	7
263	68
264	30
265	30
266	36
267	25
268	42
269	72
270	110
271	90
272	45
273	55
274	135
275	40
276	67
277	47
278	80
279	21
280	3
281	8
282	8
283	92
284	18
285	26
286	11
287	6
288	78
289	30
290	32
291	41
292	72
293	30
294	6
295	54
296	44
297	15
298 et 299	20
300 et 301	4
302 à 304	25
305 et 306	20
307 et 308	5
309 à 311	5
312 à 315	50
316 à 318	6
319 à 320	160
321 à 323	[illegible]
324 à 329	70
330	[illegible]
331	[illegible]
332	24
333 et 334	40
335	14
336	[illegible]
337	105
338	101
339	85
340	43
341	48
342	24
343	102
344	78
345	110
346	130
347	135
348	100
349	10
350	15
351	23
352	17
353 à 355	16
356	16
357	170
358	145
359 et 360	53
361	72
362	58
363	181
364	55
365	205 (×)
366 et 367	42
368 et 369	40
370 à 372	60
373	20
374 et 375	67
376 et 377	36
378 et 379	47
380 et 381	15
382	201 (×)
383	102
384	102
385	72
386	40
387	95
388 et 389	98
390	56
391	20
392	38
393	67
394	18
395	265 (×)
396 et 397	48
398	43
399	16
400	67
401	18
402	72
403	40
404	22
405 et 406	42
407 à 409	25
410	56
411	13
412	30
413	22
414	53
415 et 416	36
417 et 418	52
419 et 420	24
421 et 422	40
423	29
424	[illegible]
425	24
426	42
427	38
428	76
429	47
430	76
431	22
432 et 433	52
434 et 435	20
436	16
437	25
438	15
439	20
440	20
441	92
442 et 443	20
444 et 445	3
446	22
447	25
448	32
449 et 450	48
451 et 452	20
453	111
454 et 455	30
456 et 457	16
458	26
459 et 460	85
461	41
462	30
463	41
464	25
465	93
466	50
467	72
468	76
469	112
470	55
471	170
472 et 473	82
474	225 (›)
475	85
476	110
477	102
478	112
479	71
480	55
481 et 482	32
483	15
484 et 485	65
486	18
487	25
488	40
489	6
490	44
491 et 492	18
493 et 494	48
495	4
496	105
497	270 (××)
498	431 (›)
499	25
500	17
501	42
502	40

N°	Prix	N°	Prix	N°	Prix	N°	Prix
503	331 ×	578	75	651	250 ×	741	22
504	40	579	42	652	85	742	110
505	270 ×	580	75	653	980 ×	743	105
506	405 ×	581	44	654	51	744	50
507	5 ×	582	100	655	315 ×	745	85
508	310 ×	583	110	656	350 ×	746	58
509	165 ×	584	105	657 et 658	50	747	52
510	95	585	100	659 et 660	42	748	87
511	235 ×	586	140	661	75	749	13
512	340 ×	587	57	661 bis	10	750	54
513	405 ×	588	46	662	230 ×	751	35
514	505 ×	589	28	663	155	752 et 753	66
515	230 ×	590	25	664 à 666	65	754	40
516	15	591	13	667	210 ×	755	90
517	22	592	24	668 à 670	62	756	175
518	105	593	1320 ×	671	450 ×	757	85
519	50	594	36	672	80	758	65
520	162	595	107	673	60	759	47
521	85	596	86	674	75	760	11
522	60	597	10	675	70	761	18
523	107	598	112	676	80	762	22
524	140	599	72	677	50	763	20
525	43	600	101	678	60	764	10
526	42	601	85	679	55	765	51
527 et 528	20	602	85	680	92	766	20
529	6	603	50	681	130	767	56
530	125	604	72	682	95	768 et 769	45
531	32	605	72	683	85	770	480 ×
532	60	606	70	684	75	771 et 772	45
533	85	607	87	685	62	773 et 774	37
534	200 ×	608	180	686	78	775 et 776	27
535	21	609	100	687	50	777 et 778	50
536	41	610 et 610 bis	38	688	245 ×	779	3
537	50	611	28	689	45	780	190
538	65	612	23	690	95	781	90
539	65	613	59	691	680 ×	782 à 784	10
540	62	614	60	692	92	785	36
541	58	615	62	693	60	786	2
542	58	616	92	694	32	787	220 ×
543	67	617	74	695	150	788	135
544	97	618	47	696	60	789	27
545	67	619	78	697	50	790	40
546	75	620	70	698	46	791	11
547	52	621	60	699 à 701	92	792	175
548	38	622	86	702	55	793	21
549	32	623	68	703	75	794	32
550	12	624	91	704 à 706	42	795	185
551	34	625	200 ×	707 et 708	52	796	27
552 et 553	16	626	205 ×	709	15	797	17
554 et 555	25	627	72	710	42	798	16
556	20	628	82	711 et 712	170	799	11
557	12	629	20	713 à 715	65	800 et 801	57
558	95	630	18	716	500	802	22
559	82	631	15	717	310	803	205 ×
560	125	632	100	718	1300 ×	804	805 ×
561	105	633 et 634	25	719	410 ×	805 et 806	70
562	100	635	68	720	850 ×	807	46
563	82	636	48	721	520 ×	808 à 810	30
564	100	637	54	722	58	811 à 813	65
565	31	638	40	723 et 724	60	814	72
566	46	639	40	725 et 726	157	815 et 816	72
567	13	640	49	727	82	817	65
568	72	641	42	728	50	818	82
569	40	642	42	729 et 730	47	819 et 820	22
570	72	643	48	731	21	821	108
571	60	644	62	732	50	822	155
572	72	645	46	733	30	823	100
573	70	646	82	734 et 735	50	824	105
574	62	647	70	736 et 737	47	825	55
575	70	648	82	738	80	826	52
576	54	649	115	739	15	827	48
577	70	650	115	740	150	828	100

Lot	Prix	Lot	Prix	Lot	Prix	Lot	Prix
829	630	909	36	981 à 985	10	1067	22
830	135	910 à 912	16	986 et 987	48	1068	68
831	140	913	240	988	15	1069 et 1070	8
832	145	914	150	989	30	1071	160
833	110	915	202	990	30	1072 et 1073	16
834 et 835	57	916	155	991	24	1074 et 1075	40
836 et 837	50	917	180	992 et 993	48	1076	105
838 et 839	46	918	255	994 à 996	82	1077 et 1078	32
840	26	919	135	997	77	1079 et 1080	20
841	360	920	150	998 et 999	37	1081 et 1082	28
842	215	921	1630	1000	95	1083 et 1084	40
843 et 844	85	922	50	1001	95	1085 à 1087	30
845 et 846	30	923	13	1002 et 1003	32	1088	34
847 à 849	25	924	35	1004	34	1089 et 1090	110
850	150	925	45	1005 et 1006	12	1091	115
851	180	926	28	1007	20	1092	34
852	135	927	30	1008	125	1093	66
853	305	928	72	1009	86	1094 et 1095	42
854	130	929	14	1010 à 1012	32	1096 et 1097	50
855	585	930	39	1013	64	1098 et 1099	28
856	160	931	46	1014 à 1016	50	1100 à 1102	18
857	215	932	30	1017	15	1103 à 1105	58
858	140	933	28	1018 et 1019	18	1106 et 1107	28
859	160	934 et 935	36	1020	20	1108 et 1109	8
860	560	936	10	1021	34	1110	14
861	90	937 et 938	36	1022	11	1111 et 1112	24
862	370	939	10	1023	160	1113 et 1114	20
863	1050	940	270	1024	14	1115	42
864	190	941	185	1025	90	1116	24
865	105	942	190	1026	17	1117	20
866 et 867	52	943	95	1027	36	1118 à 1120	28
868 et 869	35	944 et 945	50	1028	20	1121 et 1122	26
870 et 871	35	946 et 947	30	1029	105	1123	82
872	40	948	4	1030 et 1031	17	1124	10
873	40	949	305	1032	145	1125 et 1126	67
874	82	950	170	1033	12	1127	15
875 à 877	92	951	22	1034 et 1035	22	1128	17
878	62	952 et 953	50	1036 et 1037	26	1129	4
879	32	954	26	1038 et 1039	33	1130	52
880	67	955	11	1040 et 1041	40	1131	35
881	46	856	16	1042	82	1132 et 1133	11
882	65	957	5	1043 et 1044	25	1134	15
883 et 884	85	958 et 959	32	1045	80	1135 et 1136	16
885 et 886	50	960	18	1046 et 1047	36	1137	72
887 et 888	26	961	32	1048 et 1049	42	1138	76
889 et 890	95	962 et 963	32	1050 et 1051	20	1139	72
891 et 892	72	964 et 965	20	1052	62	1140	345
893 à 895	45	966	145	1053 et 1054	40	1141 et 1142	40
896 et 897	32	967 et 968	46	1055 et 1056	24	1143 et 1144	30
898	9	969	24	1057 et 1058	47	1145	41
899 à 901	30	970 et 971	20	1059 et 1060	20	1146	151
902	32	972 et 973	55	1061	16	1147 et 1148	16
903	31	974 et 975	28	1062	180	1149	13
904	60	976 et 977	30	1063	87	1150	26
905 à 907	37	978 et 979	16	1064	105	1151	1
908	85	980	36	1065 et 1066	34		

Produit de la Vente : 70.997 francs

Prix de la présente liste : 3 francs

Le Catalogue des **MONNAIES FÉODALES FRANÇAISES et MÉDAILLES**, de vente de la **Collection LUNEAU**, est actuellement en préparation. Il sera luxueusement édité, avec de nombreuses planches de reproductions, au prix de 10 francs l'exemplaire. — Le Catalogue des **LIVRES DE NUMISMATIQUE** de la **Collection LUNEAU** est actuellement à l'impression. La vente en aura lieu prochainement. Prix de l'exemplaire : 3 francs. — *Prière de bien vouloir se faire inscrire chez l'expert :* M. Cl. PLATT, 19, Rue des Petits-Champs, Paris (1er), *pour l'obtention de ces catalogues.*

COLLECTION V. LUNEAU

TROISIÈME PARTIE

MONNAIES FRANÇAISES

Conditions de la Vente

La vente aura lieu au comptant.

Les acquéreurs paieront *dix-sept et demi pour cent* en sus des enchères.

Les pièces ayant été exposées et les acquéreurs ayant ainsi pu juger de leur état, aucune réclamation ne sera admise une fois l'adjudication prononcée.

M. Clément PLATT exécutera les Commissions que MM. les Amateurs voudront bien lui confier, aux conditions habituelles (5 o/o sur la limite).

L'expert donnera sur demande, de son mieux, tous les renseignements désirés sur les numéros de la vente, et leur estimation présumée.

L'expert peut suivre ou modifier l'ordre du catalogue, et réunir ou diviser les numéros.

La conservation des pièces a été indiquée sévèrement **B** = beau; **TB** = très beau; **FDC** = fleur de coin.

Toute pièce dont le métal n'est pas désigné est en argent.

EXPOSITIONS

Particulière : Chez M. Clément PLATT, 19, Rue des Petits-Champs, Paris ;

Publique : A L'HOTEL DROUOT, salle n° 8, le Dimanche 4 février 1923, de 2 heures à 6 heures.

Ordre des Vacations

Le premier jour, lundi, vente du n° 1 jusqu'au n° 334 inclus.
Le deuxième jour, mardi, du n° 335 jusqu'au n° 634 inclus.
Le troisième jour, mercredi, du n° 635 jusqu'au n° 912.
Le quatrième jour, jeudi, du n° 913 jusqu'à la fin.

COLLECTION V. LUNEAU

3ᵉ PARTIE

MONNAIES FRANÇAISES

GAVLOISES - MÉROVINGIENNES - CAROLINGIENNES - CAPÉTIENNES

et de la RÉVOLUTION A NOS JOURS

Dont la vente aux Enchères publiques aura lieu à Paris

HOTEL DROUOT, SALLE N° 8

LES LUNDI 5, MARDI 6, MERCREDI 7

ET JEUDI 8 FÉVRIER 1923

A DEUX HEURES

Mᵉ ANDRÉ DESVOUGES	M. CLÉMENT PLATT
COMMISSAIRE-PRISEUR	EXPERT
26, Rue de la Grange-Batelière	19, Rue des Petits-Champs

PARIS

PRIX du CATALOGUE avec 24 planches : **10** *francs*

(Liste des Prix d'Adjudication : 3 francs)

EXPOSITION PUBLIQUE, SALLE N° 8

Le Dimanche 4 Février 1923, de 2 heures à 6 heures

MONNAIES GAVLOISES

— I. — Henri De La Tour. — *Atlas de Monnaies Gauloises préparé par la Commission de topographie des Gaules. Paris 1892.* — *La description des monnaies de cet atlas se trouve dans le Catalogue des Monnaies Gauloises de la Bibliothèque Nationale rédigé par Ernest Muret. Paris 1889.*
— *Blanchet — Adrien Blanchet. Traité des Monnaies Gauloises. Paris 1905.*

Trésor d'Auriol

1 — Tête d'Hercule coiffée de la peau de lion à dr. ℞ Carré creux. L. 29. Obole arg. B.

2 — Tête de nègre à dr. ℞ Carré creux. L. 37. Obole arg. TB. *(Pl. I)*.

3 — Tête casquée à dr. ℞ Carré creux. L. 95. Obole arg. B.

4 — Tête casquée à g. ℞ Carré creux. L. 118. Obole arg. B.

5 — Tête casquée à g. ℞ Carré creux. L. 159. Diobole arg. B.

6 — Tête casquée de Minerve à dr. ℞ Carré creux. L. 152. Var. Obole arg. B.

7 — Demi sanglier à g. ℞ Carré creux. L. 221. Obole arg. B.

8 — Hure de sanglier à dr. ℞ Carré creux. L. 244. Obole arg. TB.

9 — Tête de bœuf à g. ℞ Carré creux. L. 253. Obole arg. TB.

10 — Partie antérieure d'un lion à g. ℞ Carré creux. L. 324. Obole arg. TB.
(Pl. I).

11 — Tête de bélier à gauche. ℞ Carré creux. L. 357. Obole arg. TB.   (Pl. I).

12 — Partie antérieure d'un lion à g. ℞ Carré creux. L. 397. Obole arg. B.
(Pl. I).

Massilia

13 — Tête casquée à dr. : roue sur le casque. ℞ Roue à quatre rayons. L. 517. Obole arg. TB.

14 — Tête d'Apollon à dr. ℞ **M A** dans une roue à quatre rayons. L. 544 à 556. Obole arg. 2 p. TB.

15 — Tête imberbe à g. avec corne. ℞ **M A** dans les rayons d'une roue. L. 580. ens. 3 variétés. Oboles arg. TB.   (Pl. I).

16 — Tête à g. avec filet de barbe. ℞ **M A** dans les rayons d'une roue. L. 600 à 656. Oboles arg. ens. 4 variétés. TB.

17 — Un exemplaire de beau style, légèrement varié. L. 658. FDC.   (Pl. I).

18 — Variété de poids réduit, à légende **A M**. L. 671. B.

19 — Tête d'Apollon imberbe à g. ℞ **M A** dans les rayons d'une roue. L. 667 à 670. Oboles : ens. 3 variétés arg. TB.   (Pl. I).

20 — 3 autres variétés, oboles arg. L. 671 à 681. TB.

21 — Tête de Diane à dr. ℞ **ΣΑΣΣΑ**. Lion allant à dr. L. 782. Drachme arg. de poids lourd. TB.   (Pl. I).

22 — Un exemplaire varié à légende **ΣΥΣΣΑ**. Drachme arg. de poids lourd. TB.
(Pl. I).

23 — Un exemplaire varié à légende **ΜΑΣΣΑ**. L. 786. Drachme arg. de poids lourd. TB.   (Pl. I).

24 — Un dernier exemplaire de poids lourd à légende **ΑΣΣΑ**. L. 797. Drachme arg. B.   (Pl. I).

25 — Tête de Diane à dr. ℞ **ΜΑΣΣΑ**. Lion allant à dr. L. 819. var. L. 820. var. Ens. 2 pièces arg. B.

26 — Tête de Diane à dr. avec l'arc et le carquois. ℞ **ΜΑΣΣΑ**. Lion allant à dr. Δ sous le lion. L. 874. Variété ⊙ sous le lion. L. 886. Variété Z Z sous le lion. L. 916. Ens. 3 p. arg. B et TB.   (Pl. I).

27 — Buste de Diane diadémée à dr. ℞ **ΜΑΣΣΑ ΛΙΗΤΩ**. Lion à dr. L. 944.
L. 962. Ens. 3 pièces arg. TB. (*Pl. I*).

28 — Variétés : Monogramme **ΤΑ** devant le lion. L. 992. Rameau devant le lion.
L. 1004. Exergue **ΑΒ**. Ens. 3 p. arg. TB. *Pl. I*.

29 — Variétés : **Α Α** devant le lion. L. 1015. **Α Η** devant le lion. L. 1017. Monogramme **ΔΠ** devant le lion. L. 1049. Ens. 3 p. arg. TB.

30 — Buste de Diane à g. ℞ **ΜΑΣΣ**. Lion allant à g. A l'exergue : **Ο Α**. L. 1064.
Variété : Exergue **ΑΛ**. L. 1077. Buste de Diane à dr. ℞ Lion à g. **Β** à l'exergue.
L. 1092. var. ens. 3 p. arg. B et TB.

31 — Buste de Diane à dr. ℞ **ΜΑΣΣΑ**. Lion allant à g. Exergue **Α.Ο**. L. 1090.
Variété : **Β** à l'exergue. L. 1092. ens. 2 p. arg. TB. (*Pl. I*.

32 — Buste de Diane à dr. ℞ Lion allant à g. Dessous **Λ**. Exergue **ΑΖ**. L. 1104.
Variété : type incus. L. 1175. ℞ **ΜΑΣΣΑ ΛΙΗΤΩΝ**. Lion à dr. **ΑΔ** entre les
pattes. L. 1193. Ens. 3 p. arg. TB. (*Pl. I*).

33 — Variétés : **Α Η** entre les pattes. L. 1196 : **Δ Τ** entre les pattes. L. 1216 :
Ε Π entre les pattes. L. 1224. Ens. 3 p. arg. TB. (*Pl. I*).

34 — Variétés : **Η Α** entre les pattes. L. 1239 : **ΔΤΕ** entre les pattes. L. 1293. Ens.
2 p. arg. B et TB. *Pl. I*).

35 — Buste de Diane à dr. ℞ Lion au pas à dr. Dessous **Α**. Exergue **ΔΕΗ**. L. 1305.
Variété : Exergue **ΚΠΑ**. L. 1327. Variété : Exergue **ΛΠΠ**. L. 1332. Ens. 3 p.
arg. B et TB.

36 — Variété : **ΠΔΑ** à l'exergue. L. 1334 var. : **ΑΔΗ** à l'exergue. L. 1356 var. ;
ΗΠΛ à l'exergue. L. 1415. Ens. 3 p. arg. B et TB.

37 — Variété : **ΠΕΒ** à l'exergue. L. 1436 : variété : **ΤΑΛ** à l'exergue. L. 1451 var. ;
variété : **ΛΠΟ** à l'exergue. Ens. 3 p. arg. B et TB.

38 — Tête d'Apollon laurée à g. ℞ Taureau cornupète à dr. L. 1476 et suivants.
6 MB. variés.

39 — Tête d'Apollon à dr. ℞ **ΜΑΣΣΑ**. Taureau cornupète à dr. L. 1603. L. 1653.
L. 1657. L. 1673. Ens. 4 PB. B et TB.

40 — 7 autres PB. variés. B.

41 — 9 autres PB. variés. B.

42 — Tête de Minerve à dr. ℞ Trépied entre les lettres **Μ Α**. L. 1894. Variété.
L. 1914. Ens. 2 MB. B.

43 — Tête casquée de Minerve à dr. ℞ **ΜΑΣ**. Trépied. L. 1912. MB. B. *Pl. I.*

44 — Tête laurée d'Apollon à g. ℞ **ΜΑΣΣΑ**. Taureau cornupète à dr. L. 1930 et variétés. Tête casquée à dr. ℞ Aigle éployé. L. 1982. Ens. 6 PB.

45 — **ΜΑΣ** ou **MAC**. Tête de Minerve à dr. ℞ Caducée ailé. L. 2003 et suivants. Ens. 8 PB.

46 — Tête de Minerve à dr. ℞ Lion à g. L. 2097 et suivants. ℞ Mains jointes. L. 2113. ℞ Trépied. L. 2124. Ens. 5 PB.

47 — Tête de Diane à dr. ℞ **ΛΛΣΣΑ**. Lion barbare dégénéré à dr. L. 2126 et suivants. Ens. 5 drachmes variées en arg. frappées en Italie à l'imitation des monnaies de Marseille. B et TB. *Pl. I.*

48 — **Dikoa**. Tête de Diane à dr. ℞ **DIKOA**. Lion barbare allant à dr. L. 2164. Arg. B.

Antipolis

49 — **ΙΣΔΗΜ**. Tête de Vénus à dr. ℞ Victoire couronnant un trophée. **ΑΝΤΙΠ ΛΕΠ**. L. 2179. 2 PB variés. B. *Pl. I.*

Gréoux

50 — Tête d'Apollon à dr. ℞ **ΚΡΙΣΣΟ**. Taureau cornupète à dr. L. 2223. PB. B.

Samnagenses

51 — Tête d'Apollon à dr. ℞ **ΣΑΜΝΑ**. Taureau à dr. L. 2256. Ens. 3 PB. variés dont un beau.

Imitations des Monnaies de Rhodes

52 — 3 variétés argent à la tête de plus en plus dégénérée. ℞ La rose épanouie de plus en plus dégénérée. L. 2302 ; L. 2337 et suivants. *Pl. I.*

Longostalétes

53 — Tête de Mercure à dr. Derrière, caducée. ℞ Trépied. L. 2359 et suivants. Ens. 2 MB.

54 — **Coantolus Roi (?)**. Tête d'Hercule à dr. Derrière, massue. ℞ **ΚΑΙΑΝΤΟΛΟΥ ΒΑΣΙΑ**. Lion allant à dr. L. 2416. MB. B. *Pl. I.*

Béterra

55 — Tête nue à dr. Derrière, massue. ⅊ Lion à dr. **BHTAPPAT**. L. 2443. MB.

Nédènes

56 — Buste de Diane à dr. ⅊ Taureau à dr. Dessus, couronne. L. 2449. MB.
(*Pl. I*).

Avenio

57 — Tête tourelée à dr. ⅊ Taureau à dr. L. 2519. 2 PB. variés, dont un beau.

58 — **Kasios**. Tête d'Apollon à dr. ⅊ Buste de cheval à g. L. 2533. Arg. B.
(*Pl. I*).

Cabellio

59 — CABE. Tête de nymphe à dr. ⅊ LEPI. Corne d'abondance dans une couronne.
L. 2545. Ens. 2 oboles arg. variées. B et TB.

60 — COL. CABE. Tête tourelée à dr. ⅊ IMP. CAESAR, AVGVST. COS. XI. Corne d'abondance. L. 2550. PB. TB.   *Pl. I*).

61 — CABE. Tête de nymphe à dr. ⅊ COL. Tête casquée à dr. L. 2563. L. 2572.
Ens. 2 PB. B et TB.   (*Pl. I*).

Volcae Arecomici

62 — Tête d'Apollon à g. ⅊ Cheval à g. Dessus, rameau. L. 2630. 2637. Ens. 2 p.
arg. B et TB.   (*Pl. I*).

63 — Buste de Diane à dr. ⅊ VOLC. Aigle sur une palme. L. 2657. Ens. 2 PB.
variés. B.

64 — VOLCA. Buste de Diane à dr. ⅊ AREC. Démos debout à g. L. 2677. Ens. 3 PB.
variés. B et TB.

Nemausus

65 — Tête laurée d'Apollon à g. ⅊ NAMAΣAT. Sanglier à g. L. 2698. Ens. 2 PB.
variés. B et TB.   (*Pl. I*).

66 — Buste casqué à dr. ⅊ NEM. COL. en deux lignes dans une couronne. L. 2718.
Ens. 2 oboles arg. variées. B et TB.

67 — Buste casqué à dr. ℞ NEM COL. La Colonie sacrifiant à g. L. 2735. Ens. 2 PB. variés. B. *(Pl. I).*

68 — IMP. DIVI. F. Têtes jeunes adossées d'Octave et Agrippa. ℞ Crocodile à dr. avec une longue arête sur le nez. COL. NEM. L. 2771. MB. TB. *(Pl. I).*

69 — IMP. DIVI. F. Têtes jeunes adossées. Type incus. L. 2774. MB. B.

70 — IMP. DIVI. F. Têtes adossées. ℞ COL. NEM. Crocodile adossé au palmier à dr. L. 2779. Br. 4 MB. variés. TB.

71 — IMP. DIVI. F. Têtes adossées d'Agrippa avec la couronne rostrale et laurée d'Octave. ℞ COL. NEM. Crocodile à dr. enchaîné au palmier. L. 2806. MB. TB. *(Pl. I).*

72 — 2 MB. variés aux mêmes types, plus 2 fragments, moitiés de MB. partagés à l'époque. Ens. 4 pièces Br. B et TB.

73 — Mêmes types, mais les têtes entre les lettres P P. L. 2857. MB. TB. *(Pl. I).*

74 — 3 MB. variés aux mêmes types, plus 2 fragments, moitiés de MB. partagés à l'époque. Ens. 5 pièces Br. B et TB.

Allobroges

75 — Tête laurée d'Apollon à dr. ℞ Chamois à dr. Dessous, roue perlée. L. 2879. Arg. TB. *(Pl. I).*

76 — Tête d'Apollon à g. ℞ Chamois à g. L. 2888. ℞ Cheval à g. Dessus, tige et baies. L. 2895. Ens. 2 p. arg. B.

77 — Tête d'Apollon à g. ℞ IANAS. Cheval à g. ; roue. L. 2904. Arg. B. *(Pl. I).*

78 — Tête casquée à dr. ℞ Hippocampe à dr. L. 2917. Variété : la tête casquée à g. Ens. 2 p. arg. B.

79 — Variétés : la tête et l'hippocampe à g. L. 2924. Tête casquée à dr. ℞ Hippocampe à g. L. 2934. Ens. 2 p. arg. B.

80 — Tête frisée à g. ℞ Chamois bondissant à dr. ; dessous, arbre. Arg. inédit (?). *(Pl. II).*

Vienna

81 — IMP. CAESAR. DIVI. F. DIVI IVLI. Têtes adossées de J. César et d'Octave. ℞ C.I.V. Proue. L. 2943. GB. B. *(Pl. II).*

82 — 2 GB. variés aux mêmes types. B.

83 — Tête nue d'Octave à dr. ℞ Proue surmontée d'un mat. L. 2949. GB.

Volcae Tectosages

La plupart des monnaies de la présente série proviennent de la trouaille de St-Etienne-des-Landes et ont fait l'objet d'une étude de Monsieur V. Luneau parue en la Revue Numismatique, en 1901.

84 — Tête imberbe à g. ℞ Croix cantonnée de quatre croissants et un torques. L. 2956. 2 variétés et une autre sans le torques. Ens. 3 p. arg. B.   (*Pl. II*).

85 — Tête de nègre à g. ℞ Croix cantonnée de quatre croissants, 3 points et un annelet. L. 2976 et variétés. Ens. 5 pièces arg. TB.

86 — 5 autres variétés arg. TB.   (*Pl. II*).

87 — Tête de nègre à g. ℞ Croix cantonnée d'une S. d'un croissant et de besants. L. 3025 et suivants. Ens. 5 variétés arg. TB.

88 — Tête à g. ; devant 2 poissons. ℞ Croix cantonnée de 3 points et d'une hache. L. 3104. Arg. superbe.   (*Pl. II*).

89 — 5 autres variétés arg. B et TB.   (*Pl. II*).

90 — 5 autres variétés. sans les poissons. Arg. B et TB.

91 — 6 autres variétés arg. B et TB.

92 — Tête de femme à dr. ℞ Croix cantonnée de points centrés, hache, etc. L. 3316 et suivants. Ens. 5 p. arg. B et TB.

93 — 5 autres variétés arg. B et TB.

94 — 5 autres variétés arg. B et TB.

95 — Tête de femme à g. ℞ Croix cantonnée de haches, points centrés, etc. 5 variétés arg. B et TB.

96 — 6 autres variétés arg. B et TB.

97 — Tête virile à dr. ℞ Croix cantonnée de globules. Arg. B.

Vallée de la Garonne

98 — Tête casquée à dr. ℞ Cheval allant à dr. L. 12; Obole arg. B.

Cadurques ou Tolosates

99 — Tête à g. ℞ Croix cantonnée de trois besants et une hache. L. 3258 et variété. Ens. 2 pièces arg. B et TB.   (Pl. II).

100 — Tête en triangle à g. ℞ Croix cantonnée d'une hache, de deux points et d'un point dans un croissant. L. 3263. Ens. 2 p. variées arg. TB.

101 — Variété. ℞ Croix cantonnée d'une hache et de 3 points centrés. Arg. TB.   (Pl. II).

102 — Tête informe (?) ℞ Croix cantonnée d'un fleuron, etc. — 2 exemplaires qui se complètent de la trouvaille de Cuzance et une 3e variété. Ens. 3 p. arg. B.

Ruthènes

103 — Tête à g. ℞ Sanglier à g. entre deux points centrés. L. 3433. — L. 3441 et variété. Ens. 3 pièces arg. B et TB.   (Pl. II).

104 — Tête nue à g. ℞ Croix cantonnée d'une hache et de trois écrans perlés. L. 3467 ℞ Croix cantonnée de 2 haches, d'une roue et d'un torques. L. 3534. Ens. 2 pièces arg. B.

105 — Deux autres variétés de cette dernière pièce. Arg. B.

Tarusates

106 — Tête informe ℞ Elévation globuleuse. L. 3575. **Elusates.** Tête informe ℞ Cheval à g. L. 3587. **Sotiates.** Tête informe. ℞ sorı. Louve à g. L. 3606. Ens. 3 pièces arg. et Br.   (Pl. II).

Arverni

107 — Tête d'Apollon à dr. ; baton sur la joue. ℞ Aurige sur un cheval à dr. L. 3664. 1/4 statère or. B.   (Pl. II).

108 — Tête à dr. ℞ Cheval galopant à dr. dessous fleur. L. 3682. arg. B.

109 — Tête laurée à dr. ; devant fleuron. ℞ Bige à dr. ; dessous, triquetra. L. 3533. Statère d'Or. TB.   (Pl. II).

110 — Tête à g. ℞ Cheval à g. ; dessus fleuron et dessous triquétra. L. 3719. Statère d'Or. B.   (Pl. II).

111 — Tête à g. ℞ Cheval à g. dessus et dessous lyre. L. 3740. Stétère d'or B.   (Pl. II).

112 — Tête à g. ℞ Aurige et cheval a g. dessous amphore. L. 3745. Statère d'or.
B.   (*Pl. II*).

113 — Tête laurée à g. ℞ Cheval à g. ; dessus ഗ couchée. L. 3767. Statère d'or.
B.   (*Pl. II*).

114 — Tête à cheveux bouclés à dr. ℞ Bige à dr. L. ?. 1 4 de statère or. B.
(*Pl. II*).

115 — Tête laurée a dr. ℞ Bige à dr. Trouvaille de Tayac. A. *Blanchet. Monnaies
Gauloises p. 561.* Statère or. B.   (*Pl. II*).

116 — Tête à g. avec filet de barbe. ℞ Cheval à g. dessus ഗ. L. 3812. Arg. et variété. Bronze. L. 3868. Ens. 2 p. B. et TB.   (*Pl. II*).

117 — **Epasnactus**. ICIDV. BRI. Buste jeune à dr. ℞ Cavalier à dr. L.3894.
2 variétés. EPAD. Buste ailé à dr. ℞ Guerrier debout tenant une enseigne.
L. 3907. Ens. 3 PB.

118 — EPAD. Buste jeune à dr. ℞ Guerrier debout tenant une enseigne militaire,
une haste et son bouclier. L. 3905. Arg. B.   (*Pl. II*).

119 — **Caiïdu**. CALIDV. Buste imberbe à dr. ℞ Cheval à g. fleuron. L.3931.
PB. B.
120 — **Vergasillaunus**. VERGA. Buste jeune à g. ℞ Cheval libre à dr. L. 3943.
PB. B.

121 — **Iipos**. Tête à g. ℞ IIPOS. Cigogne à g. L. 3952. Tête à g. ℞ Renard à g.
L. 3965. Ens. 2 PB. B.

122 — **Motuidi**. Tête à dr. ℞ XOTVI... Hippocampe à g. L. 3994 var. PB.

123 — **Trouvaille de Vichy**. Tête informe. ℞ Cheval entre 2 roues, flan creux.
L. 4057. PB. Plus une monnaie indéterminée. Tête à g. ℞ Cheval à dr. Obole.
arg. Ens. 2 pièces

Bituriges Cubi

124 — Tête à g. ℞ Cheval à g. dessus grue, dessous trèfle. L. 4068. Statère Electrum. B.   (*Pl. II*).

125 — Tête à dr. ℞ Cheval à g. ; dessus grue. dessous trèfle. 4069 var. Statère
Electrum. TB.   (*Pl. II*).

126 — Tête à dr. avec grosses mèches de cheveux. ℞ Cheval à dr. dessus grue,
dessous trèfle. L. 4072 var. Statère Electrum. B.   (*Pl. II*).

127 — Tête à g. ℞ Cheval à g.: dessus épée, dessous, étoile. L. 4007. L. 4102 et
variété. Ens. 3 pièces arg. B et TB.

128 — Tête à g. ℞ Cheval à g. Dessus sanglier, dessous X. Arg. TB. plus une pièce
potin. Tête à dr. ℞ Cheval à g. Ens. 2 p. *(Pl. II).*

129 — **Cambotre**. Tête à g. ℞ CAMBOTRE. Cheval à g. Dessus épée. L. 4131. Arg. B.
(Pl. II).

130 — Tête à g. ℞ CAV. Cheval à g. Dessus arbre. L. 4139. Arg. TB. *Pl. II.*

131 — **Sbudos**. Tête à g. ℞ ABVDOS. Cheval à g. Dessus trois annelets. L. 4155. Br.
TB. plus une pièce Br. Tête à g. ℞ Cheval à g. Exergue, us. L. 4177. Ens. 2 p.

132 — **Annento**. Tête à g. ℞ ABVLATOS. Cheval à g. Dessus: aigle éployé et dessous
trois annelets. L. 4173. Statère d'or pâle. B. *(Pl. II).*

133 — **Solima**. Tête à g. ℞ Cheval à g.: dessus, trois annelets. Exergue: SOLIMA.
L. 4196. Statère d'or pâle. B.

Pétrocorü

134 — **Contoutos**. CONTOVTOS. Tête nue à dr. de Marc Antoine. ℞ Loup à dr.
L. 4316. PB. B.

135 — **Annicenios**. ANNICCOIOS. Tête nue imberbe à g. ℞ Sanglier à dr. L. 4326.
PB. B.

136 — **Atectorix**. ATECTORI. Tête nue à dr. ℞ Taureau à dr.: couronne et C. en n.
L. 4349. PB. *Pl. II.*

137 — **Chef indéterminé**. SEX. F. Tête nue à dr. ℞ T. CAV. Taureau à dr. L. 4365.
PB. B.

138 — **Pétrocorü ?**. Tête à g. ℞ Croix cantonnée de trois points et d'une hache.
L. 4404 et variété de poids moindre. Ens. 2 p. arg. B. *Pl. II.*

Pictons

139 — Tête à dr., cordons de perles. ℞ Cheval conduit à dr. par un an, rige, dessous
main ouverte. L. 4405. Statère électrum. B. *Pl. II.*

140 — Un 2e exemplaire varié. *Pl. II.*

141 — Tête d'Ogmius à g.: autour, cordons de perles. ℞ Androcéphale à gauche:
dessous, main ouverte. L. 4417. Statère bas or. B. *Pl. II.*

142 — Un 2e exemplaire varié. B. *Pl. II.*

143 — Tête laurée à dr. ℞ Cavalier armé à dr. L. 4436. Variété à la tête nue à grosses mèches à dr. Ens. 2 p. arg. B et TB. *(Pl. III)*.

144 — Tête à dr. ℞ Cavalier à dr. ; dessous, fleuron. L. 4445 et variété. Ens. 2 p. arg. B et TB.

145 — Tête à dr. : cheveux à **grosses mèches**. ℞ Cavalier à **dr.** ; dessous, trois annelets. L. 4457. Arg. B. *(Pl. III)*.

146 — Tête à dr., les cheveux à grosses mèches. ℞ Cavalier ailé à dr. : dessous, fleuron. L. 4461. 2 variétés, plus un exemplaire à ce type dégénéré. Ens. 3 p. arg. B.

147 — **Viredisos**. VIRE... Tête à dr. ℞ Cheval à dr. Dessus, temple ; dessous, roue. L. 4473 et variété aux mêmes types dégénérés. *Blanchet. fig. 180*. Ens. 2 PB. B. *(Pl. III)*.

148 — **Vürotal**. Tête de Vénus à g. ℞ Guerrier debout tenant une haste et le sanglier enseigne. L. 4484. Arg. Tête à dr. ℞ VIRT. Cheval à dr. ; dessus, temple. PB. Ens. 2 p. B.

Santons

149 — Tête à dr., cheveux grosses mèches. ℞ Bige à dr. : dessous, main ouverte entre S et A. L. 4512. Statère électrum. TB. *(Pl. III)*.

150 — SANTONO. Tête à g. ℞ Cheval à dr. : dessus, fleuron : dessous, étoile. L. 4517. Arg. TB. *(Pl. III)*.

151 — ARIVOS. Tête casquée à g. ℞ SANTONO rétrograde. Cheval à dr. ; dessous, point et cercle de perles. L. 4525. Arg. TB. *(Pl. III)*.

Lemovices

152 — Tête à dr. ℞ Tête au-dessus d'un cheval allant à dr. L. 4561. Variété : la tête et le cheval à g. L. 4565. Tête à dr. ℞ Cavalier à dr. L. 4850 var. PB. Ens. 2 pièces arg. TB. + 1 PB.

Lugdunum

153 — Buste de Victoire à dr. ℞ ANTONI. IMP. Lion à dr. L. 4651. Quinaire arg. B.

154 — IMP. DIVI. F. Têtes adossées de J. César et d'Auguste. ℞ Proue surmontée d'un disque avec tête de corbeau. L. 4660. Ens. 2 GB. variés. B.

155 — IMP. CAESAR. DIVI. F. DIVI. IVLI. Têtes adossées de J. César et d'Auguste, séparées par une palme. ℞ COPIA. Proue ; dessus, globe et méta. L. 4665. GB. + la moitié de droite d'un exemplaire partagé dans l'antiquité. Ens. 2 p. B. *(Pl. III)*.

156 — Variété sans le globe sur la proue. L. 4676. GB.

157 — CAESAR. PONT. MAX. Tête laurée d'Auguste à dr. ℞ ROM. ET. AVG. Autel de Lyon. L. 4704. MB. TB.

157 *bis* — TI. CAESAR... Tête laurée de Tibère à dr. ℞ Le précédent varié. L. 4752. TI. CLAVDIVS... Tête laurée de Claude à dr. ℞ Le précédent varié. L. 4771. PB. Ens. 2 p. Br. B.

Eduens

158 — Tête d'Apollon à dr. ℞ Aurige et cheval à dr. Lyre renversée. L. 4838 var. Quart de statère or. B. *(Pl. III).*

159 — Tête à dr. ℞ Cheval à dr. ; dessus, roue ; dessous, lyre. L. 4808. Arg. TB. *(Pl. III).*

160 — **Diasulos.** Tête à g. ℞ DIASVLOS. Cheval galopant à dr. L. 4871. Arg. TB. *(Pl. III).*

161 **Anorbos. Dumnorix.** NORB. Tête casquée à dr. ℞ Cheval à dr. : dessous. DVBNOR. L. 4956. Variété. L. 4972. Ens. 2 p. arg. B.

162 — **Dubnocou. Dubnorex.** Tête de femme à dr. ℞ Personnage debout à g. tenant le sanglier enseigne. L. 5026. Ens. 2 p. arg. B.

163 — **Cone** (?). Tête casquée à g. ℞ ONE. Cheval à g. ; devant S. L. 5053. Arg. B.

164 — **Litavicus.** Tête de Diane à dr. ℞ LIT. Cavalier à dr. L. 5072. Variété. L. 5075. Ens. 2 p. arg. B.

165 — **Anepigraphes.** Tête à g. ℞ Cheval à g. : dessus. croix : dessous, rouelle. L. 5090. Arg. B.

166 — Variétés sans la croix. L. 5138 ; L. 5155 var : L. 5247 : L. 5252. Ens. 4 pièces arg. B. + 1 pièce potin : Tête barbare à g. ℞ Aigle éployé. L. 5275.

Mandubiens

167 — Tête d'Apollon à g. ℞ Aurige et son cheval à dr. : dessous. lyre entre les lettres A et M. L. 5279. Statère or. TB. *(Pl. III).*

168 — Tête d'Apollon à g. ℞ Aurige et son cheval à g. : dessous. lyre. L. 5282 var. Statère or. B. *(Pl. III).*

169 — Un autre exemplaire varié. Statère or. TB. *(Pl. III).*
(Ces deux dernières pièces seraient sans doute à classer aux Arvernes).

170 — Tête à g. ℞ Taureau à dr. L. 5281. Variété. L. 5294. Ens. 2 p. potin. B.

Aulerci Cenomani

171 - Tête d'Ogmius à dr. entourée de cordons de perles avec petite tête. ℞ Androcéphale à dr. ; dessous. génie ailé couché à dr. L. 6879 var. Statère or. B.   (Pl. III).

172 — Un exemplaire varié. Statère or. B.   (Pl. III).

Séquanes

173 — Tête à g. ℞ SEQVANO. Sanglier à g. L. 5351 var. Tête barbare à g. ℞ Animal cornu à g. L. 5368. L. 5385. L. 5386. L. 5390. L. 5397 et var. Ens. 1 pièce arg. et 5 pièces potin. B.   (Pl. III).

174 — Q. Doci. Q. DOCI. Tête casquée à g. ℞ Q. DOCI. SAAF. Cheval à g. L. 5405 var. L. 5406. Ens. 2 p. arg. B et TB.

175 — Tête barbare à g. ℞ Q. DOCI. Cheval à g. L. 5508 et variétés suivantes. Ens. 5 p. potin. B et TB.   (Pl. III).

176 — Togirix. TOGIRIX. Tête casquée à g. ℞ Cheval a g. L. 5550. Variété L. 5611. Variété. L. 5619. Ens. 1 p. arg. et 2 p. potin. B et TB.

177 — TOG. Buste casqué à dr. ℞ TOG. Lion à dr. L. 5629. Variétés barbares : Tête à g. L. 5645. L. 5665. Ens. 3 p. potin. B et TB.   (Pl. III).

178 — Tête barbare de face. ℞ Croix aux bras recourbés. L. 5714. 6 autres variétés en potin : monnaies à étudier semblant de la même région. Ens. 7 p.

Série au Cavalier de la Vallée du Rhône

179 — Tête casquée à dr. ℞ Cavalier à dr. EBVRO. L. 5718. L. 5720. Ens. 2 pièces arg. B.

180 — RICANT. Tête casquée à dr. ℞ Cavalier à dr. EBVRO. L. 5738. Ens. 2 pièces arg. B.

181 — DVRNACOS. Tête de Pallas à dr. ℞ Cavalier à dr. AVSCRO. L. 5749. Ens. 2 p. arg. B.

182 — Tête de Pallas à dr. DVRNACVS. ℞ DONNVS. Cavalier à dr. L. 5795. Ens. 2 p. arg. B.   (Pl. III).

183 — Tête casquée à dr. ℞ Cavalier à dr. BRI. L. 5803. Tête de Pallas à dr Devant. BRI. ℞ Cavalier à dr. COMA. L. 5816 et variété. Ens. 3 p. arg. B et TB.

184 — 3 variétés de ce dernier type. L. 5820, 5821 et 5836. Arg. B.

185 — Tête casquée à dr. COSN. ℞ Cavalier à dr. COAAN. L. 5866. Tête casquée à dr. ℞ Cavalier COMΔ. L. 5871. Ens. 2 p. arg. dont une fourrée. B.

186 — Tête de Pallas à dr. ROW. ℞ Cavalier à dr. CN. V... L. 5895. Ens. 2 variétés arg. B.

186 *bis* — Tête de Pallas à dr. ROW. ℞ Cavalier à dr. VOLVNT. L. 5908. Tête de Pallas à dr. ℞ Cavalier à dr. CAL. Ens. 2 p. arg. B.

187 — Tête de Pallas à dr. ℞ Cavalier à dr. OMA. L. 5936. Tête de Pallas à dr. Devant, BRI. ℞ Cavalier à dr. L. (?). Ens. 2 p. arg. B.

Carnutes

188 — Tête d'Apollon à dr. ℞ CABALLOS. Bœuf à g. L. 5958. Br. TB.   (Pl. III).

189 — Tête imberbe à dr. ℞ Deux chevaux superposés à dr. L. 5986. Arg. B.

190 — Tête à dr. avec astre à rayons sur la joue. ℞ Aigle à dr. tenant une rouelle; au dessus, torques. L. 6074. Demi statère or. B.   (Pl. III).

191 — Tête à g. avec astre à quatre rayons sur la joue. ℞ Aigle à dr. tenant une rouelle; au-dessus et dessous, croissant à rayons. L. 6074. Variété. Demi statère or. B.   (Pl. III).

192 — Tête laurée à dr. ℞ Cheval ailé à dr.; dessus, fleuron; dessous, étoile. L. (?). Quart de statère or. TB.   (Pl. III).

193 — Tête à dr. ℞ Aigle, aiglon, serpent, etc. L. 6088. Variété sans le serpent. L. 6108. Ens. 2 PB. TB.   (Pl. III).

194 — Tête barbare à g. ℞ Aigle à dr., serpent et rouelle. L. 6132. Tête à g. ℞ Aigle éployé à g. et croissant. L. 6140. Ens. 2 p. Br. B et TB.

195 — Tête casquée à g. ℞ Aigle éployé de face. L. 6147. Tête à dr. ℞ Loup à g. L. 6188. Ens. 2 PB. B et TB.

196 — Tête imberbe à g. ℞ Cheval à dr.; dessous, sanglier. L. 6202. Tête nue à dr. ℞ Loup à g. L. 6217. Ens. 2 PB. B.

197 — Tête à dr. CATAL. ℞ Aigle sur foudre à g. et amphore. L. 6329. PB. B.

198 — TOVTOBO. Tête à g. ℞ ATEPILOS. Lion allant à dr. L. 6364. DIVCCA. Tête de Vénus à dr. ℞ Prêtresse debout. L. 6396. Ens. 2 PB. B.

Osismiens

199 — Tête à dr. surmontée d'un sanglier avec cordons de perles portant des petites têtes. R Androcéphale à g. ; dessous, sanglier. L. 6541. Statère billon ou électrum très bas. TB.   (Pl. III).

200 — Quart de statère billon même type. L. 6543 et statère billon variété. L. 6555. Ens. 2 p. B.

Corisopites

201 — Tête d'Ogmius à g. R Androcéphale à g. ; dessous, bœuf. L. 6584. Quart de statère électrum. B.

Curiosolites

202 — Tête d'Apollon Belenus à dr. ; cheveux à grosses mèches enroulées. R Androcéphale à dr. ; dessous, sanglier à dr. L. 6598. Statère billon. TB.
                    (Pl. III).

203 — Tête barbare à dr. R Androcéphale à g. ; dessous, sanglier à g. L. 6667. Variétés : L'Androcéphale à dr. et dessous, lyre. L. 6703. L'Androcéphale à dr. et dessous personnage couché. L. 6720. Ens. 3 statères billon. B et TB.

Andecavi

204 — Tête barbare de face. R Sanglier à dr. L. 6455. Variété. L. 6463. Ens. 2 oboles billon.

205 — Tête d'Ogmius à dr. avec cordons de perles et petites têtes. R Androcéphale à dr. Dessous, Génie à mi-corps retenant les jambes du cheval. L. 6728. Statère d'or. B.   (Pl. III).

206 — 2 variétés à ce type en billon : quarts de statère. L. 6724. var. L. 6745. B.

Redons

207 — Tête laurée à dr. R Androcéphale à dr. ; dessous, roue à 4 rais. L. 6774. Statère et quart de statère aux mêmes types. Ens. 2 p. billon. B et TB.

208 — Tête à dr. R Cavalier à dr. ; dessous, hippocampe. L. 6811. Statère billon. B.

Aulerci Cénomani

209 — Tête laurée à dr. R Androcéphale à dr. ; dessous, figure couchée à dr. L. 6872. Statère or.

210 — Tête laurée à g. avec la mèche isolée sur la joue. ℟ Androcéphale ailé à g. dessous, guerrier couché à g. tenant une épée courbe et une lance. L. 6870. Statère or. TB.   *Pl. III.*

Baïocasses

211 — Tête laurée d'Apollon Belenus à dr. ℟ Cheval à dr. conduit par un Aurige à corps d'oiseau et à tête humaine à longs cheveux. L. Pl. XXIV. Ch. Rob. X Demi statère d'or. B.

Turones

212 — Tête virile à dr. TVRONOS. ℟ BIICOS. Cheval à dr. et amphore. L. 6997. PB. B.

213 — Tête casquée à g. TVRONOS. ℟ CANTORIX. Cheval à g. L. 7011. potin ; variété ; légendes moins complètes. S couchée sur le cheval, L. 7005. PB. plus une pièce potin à déterminer. Tête à longs cheveux à g. ℟ Quadrupède à dr. Ens. 3 p. B.

Aulerci Eburovices

214 — Tête à dr., coiffée de gui, avec la barbe frisée. ℟ Bige à g. ; dessous, loup à g. L. 7015. Demi Statère d'or. TB.   *(Pl. III.*

215 — Tête barbare à g. coiffée de gui, la joue tatouée. ℟ Aurige conduisant un cheval à dr. ; devant, croix ; dessous, loup. L. 7019. Demi Statère d'or. TB.
                                                                                 Pl. III.

216 — Tête à g. Derrière, sanglier. ℟ Cheval à dr. avec aurige ; devant, point centré ; dessous, sanglier à dr. Demi statère d'or. B.

217 — Même type d'avers. ℟ Cheval à dr. ; dessus, loup assis à g. sur le cheval ; dessous, sanglier à dr. Demi Statère d'or. B.
(Les deux monnaies ci-dessus sont à comparer aux bronzes décrits ou représentés sous les nº 7021 et suivants, par Muret et La Tour.

218 — Tête à g. ℟ Cheval à dr., annelet et point centré. L. 7037 var. Tête d'Apollon à dr. ; devant, cep de vigne. ℟ Cheval à dr. ; dessous, sanglier. L. 7042. Ens. 2 PB. B.

219 — **Pixtilos**. Tête virile barbue d'Auguste à dr. ℟ Personnage assis à g. fleuron. L. 7058. PIXTILOS. Tête de Vénus à g. ℟ Griffon renversant un personnage. L. 7061. Ens. 2 PB. B et TB.

220 — Tête de Vénus à dr. PIXTILOS. ℟ Oiseau et branche. L. 7050 var. ℟ Griffon à dr. L. 7054. Ens. 2 PB. B et TB.

221 — Tête d'Apollon à dr. PIXTIL. ℞ Cavalier à dr. L. 7081. Tête de Vénus à g.
PIXTIL. ℞ Chienne à g. se retournant vers un lézard. L. 7095. Ens. 2 PB. B et TB.

222 — Tête d'Apollon à dr. PIX... ℞ Aigle à g. sous un temple. L. 7100. Tête
casquée à g. ℞ PIX. Lion à g. L. 7105. Ens. 2 PB. B et TB.

Calétes

223 — ATEVLA. Buste ailé à g. ℞ Cheval à dr. ; dessous, rosace. L. 7186. Variété :
VLATOS devant le cheval et pentagone dessous. L. 7191. Ens. 2 p. arg. B et TB.

224 — Tête casquée à dr. ℞ Coq et triskèle. L. 7221. Variété : S couché sous le
coq. L. 7224 et un PB anépigraphe au type. L. 7207. Tête à dr. ℞ Lion à dr.,
épi. etc. Ens. 3 PB. B.

Véliocasses

225 — Tête barbare. ℞ Cheval à g. entre deux astres. L. 7248. Arg. B.

226 — Personnage nu sautant ; point dans un cercle. ℞ Androcéphale à dr. entre
deux astres. L. 7276. Personnage nu accroupi à dr. ℞ Sanglier à g. Ens. 2 p.
Br. et potin. B.

227 — Tête à dr. ℞ Sanglier à g. ; dessous, roue. L. 7333. Tête de Vénus à dr.
℞ Cheval à dr. L. 7356. Ens. 2 PB dont un beau.

Senones

228 — Tête nue à dr. ℞ Cheval à g. ; globules. L. 7417. Variété : tête à g. L. 7434.
Autre variété. L. 7445. (?). Ens. 3 p. potin. B et TB.

229 — Deux chèvres dressées et affrontées. ℞ Loup et sanglier affrontés. L. 7458.
Potin. B.   (Pl. IV).

230 — **Illucci**. Tête à dr. ; devant, point centré. ℞ VLLVCI. Oiseau éployé à g.
Devant, point centré. L. 7493 var. PB. TB.

231 — Tête à dr. ℞ Alouette à g. se retournant. L. 7586 (2 variétés). ℞ Aigle
dévorant une alouette. L. 7596. Ens. 3 PB. B.

Meldi

232 — Tête barbare à dr. ℞ Sanglier sur un aigle à dr. L. 7613. PB.

233 — **Epenos**. Tête jeune à g. ℞ ΠΕΝΟϹ. Cheval courant à dr. ; dessus, oiseau.
L. 7617. PB.

234 — **Rovcca.** 2. Tête casquée à g. ; devant et derrière, cep de vigne. ℞ Griffon à dr. L. 7606 var. PB. B.

Suessiones

235 — Tête à g. Devant : ΔEYOYIK ℞ Cheval à g. ; dessus. ΔEIVIC. L. 7729 var. PB. B.

236 — Tête à dr. ℞ Cheval à g. ; dessus, point centré et 3 étoiles. L. 7764. Variété sans le point centré ni les étoiles. Ens. 2 PB. B.

Parisii

237 — Tête à dr. avec fleuron devant la bouche. ℞ Cheval à g. ; au dessus, filet triangulaire avec points dans les mailles ; dessous, rosace. L. 7778. Statère d'or entaillé au revers. B.   (*Pl. IV*).

238 — Variété plus barbare, mais sans entaille. L. 7788. Statère d'or. B.   *Pl. IV*.

239 — Variété sur flan plus épais et moins large. L. 7782. Statère d'or. TB. *Pl. IV*.

240 — Tête à dr. ℞ Cheval à g. ; dessus, filet triangulaire. L. 7801. Quart statère d'or. B.

241 — Tête de Diane à dr. avec le croissant. ℞ Cheval à g. ; dessous, large croissant. L. 7820. 10c. Tête barbare à g. Devant annelets. ℞ Androcéphale à dr. Dessus, oiseau. L. 7850. Ens. 2 p. potin et PB. B.

Silvanectes

242 — Tête nue à dr. et annelets. ℞ Cheval à g. L. 7862. L. 7875. Fleuron formé de 4 pétales en S. ℞ Cheval à g. ; autour, points centrés ; dessous, rosaces. L. 7873. Ens. 3 p. potin. B et TB.   *Pl. IV*.

Bellovaci

243 — Tête laurée à dr. avec cheveux frisés. ℞ Cheval dégénéré à dr. ; dessus, Victoire. L. 7877 var. Statère d'or. B.   (*Pl. IV*).

244 — Tête laurée à g. cheveux frisés, tige au-dessus de l'oreille. ℞ Cheval à g. ; dessous, rosace ; devant N. L. 7888 var. Statère d'or. B.   *Pl. IV*.

245 — Tête barbare à dr. ℞ Sanglier à dr. L. 7905. Potin. TB.   *Pl. IV*.

246 — **Criciru.** Tête casquée à g. ℞ CRICIRV. Cheval ailé à g. L. 7931. **Vandalos.** Tête à g. ℞ Aigle éployé. L. 7980 variété. Ens. 2 PB. B.

247 — **Caliagiis**. Buste de Diane à g. ℞ Aigle et aiglon éployés. L. 8000 ℞ Aigle éployé à g. et points centrés. L. 8010 var. Ens. 2 PB. B.

Remi

248 — Grand œil de profil. ℞ Cheval à g. ; dessous, roue. L. 8018. Statère d'or. B.

249 — REMO. Trois bustes superposés à g. ℞ Victoire dans un bige à g. L. 8040. ATISIOS. Tête à g. ℞ Lion à g. L. 8054. Ens. 2 PB. B.

250 — Tête de Janus bifrons. ℞ Lion à g. ; la queue en S, rosace. L. 8106. Tête à dr. ℞ Loup à dr. Blanchet. Pl. III. n° 13. Ens. 2 PB. B et TB. (Pl. IV).

Catalauni

251 — Guerrier debout à dr. tenant une lance et un torques. ℞ Ours et serpent. L. 8124. ℞ Cheval à g. L. 8133. Personnage accroupi, se tirant de chaque main une longue tresse de cheveux. ℞ Sanglier à dr. ; dessus, serpent. L. 8145. Ens. 3 p. potin. B.

Eduens

252 — **Incertaines de l'Est**. Tête casquée à g. ℞ Cheval à g. ; dessous, roue. L. 8178 et suivants. Ens. 3 p. arg. B.

253 — 4 autres variétés arg. B et TB.

254 — Tête à g. ℞ Chèvre à g. se retournant. L. 8370 + un bronze à déterminer. Ens. 2 PB. B.

Lingons

255 — Deux profils en sens contraire. ℞ Sanglier à g. L. 8318, L. 8319. Ens. 2 p. potin. B.

256 — Trois croissants autour d'un point centré. ℞ Trois S autour d'un point centré. L. 8329. Bucrane entre 2 S. ℞ Ours dévorant un serpent. L. 8351. Ens. 2 p. potin. B.

Ambiani

257 — Tête à dr., cheveux frisés. ℞ Aurige conduisant un bige à dr. Loup bondissant, la gueule ouverte, à la tête du cheval. Exergue: Π Π Π Π. L. 8383 var. Demi Statère d'or. B.

258 — Tête à dr. ℞ Cheval surmonté d'un oiseau à dr. L. 8124. ℞ Sanglier à g. L. 8175. Tête à g. ℞ bœuf. Cheval à g. L. 8569. Ens. 3 p. potin et PB. B.

259 — **Indéterminés**. Œil de face. ℞ Sanglier (?). Tête (?). ℞ Sanglier à dr. Dessous, croisette. Ens. 2 p. potin dont une TB.

Atrébates

260 — Tête laurée, tige derrière l'oreille. ʀ Cheval disloqué à dr. L. 8593 var. Statère d'or. B. *Pl. IV*.

261 — Une variété frappée avec des coins fatigués. Statère d'or. TB.

262 — Tête dégénérée en forme de foudre. ʀ Cheval. L. 8618. L. 8620 et variété. Ens. 3 p. potin. B et TB.

263 — **Andobru**. ANDOBRV. Buste imberbe, casqué à g. ʀ Cavalier à dr. L. 8671. PB. B. *Pl. IV*.

Morini

264 — Uniface. ʀ Cheval disloqué à dr. ; dessous, globule et croissant. L. 8704. Statère d'or. B. *Pl. IV*.

265 — Variété. L. 8710 var. Statère d'or. TB.

266 — Autre variété. L. 8717 var. Statère d'or. B.

267 — Uniface. ʀ Chêne, faucille, annelet. L. 8722. Quart de statère or. B.

Nervii

268 — Tête disloquée. ʀ Cheval disloqué à dr. Dessus, roue. L. 8755 var. Statère d'or. TB.

269 — Un autre exemplaire varié. Statère d'or. TB. *Pl. IV*.

270 — **Viros**. VIROS. Tête disloquée. ʀ Cheval à g. VIRO. L. 8766 var. Statère d'or. TB. *Pl. IV*.

Trévirii

271 — Grand œil de profil. ʀ Cheval à g. ; dessus, quatre points ; dessous, cercles concentriques. L. 8815 var. Statère d'or. TB. *Pl. IV*.

272 — **Lucotios**. LVCOTIOS. Grand œil de profil. ʀ LVCOTIO. Cheval à g. ; dessous cercles concentriques. L. 8821. Statère d'or. B. *Pl. IV*.

273 — **Vocarant**. VOCAR... Grand œil de profil. ʀ VOCA. Cheval à g. ; dessous, cercles concentriques. L. 8833 var. Statère d'or. B. *Pl. IV*.

274 — **Pottina**. Grand œil de profil dont la prunelle est une rouelle. ʀ Cheval à g. ; dessous, astre. Exergue : POTTINA. L. 8835. Statère d'or. B. *Pl. IV*.

275 — **Arda**. Tête de femme à dr. ℞ ARDA. Bœuf à dr. L. 8852. **Avaucia**. Croix formée de 4 bustes de cheval. ℞ AVAV. Cheval à g. L. 8882. Ens. 2 PB. B.

276 — **Incertaines de l'Est**. Tête laurée à dr. ℞ Bige à dr.: dessous, roue. L. 8862 variété. Statère bas or concave. B.

Médiomatrici

277 — Tête barbare d'Apollon à dr. ℞ Pégase à dr.: dessous, points simulant une légende. L. 8956. Quart de statère or. B. *(Pl. IV)*.

Viroduni

278 — Tête à dr. avec triple diadème. ℞ Cheval à dr.; dessus, rameau; dessous, rosace perlée. L. 9000. Statère or. *(Pl. IV)*.

Leuci

279 — SOLIMA. Tête de femme à g. ℞ Cheval à g.: dessous, dauphin. L. 9025. Arg. B.

280 — Tête barbare à g. ℞ Sanglier à g.: dessous, lis. L. 9044. L. 9072 et variété. Ens. 3 p. potin. B et TB. *(Pl. IV)*.

281 — Tête casquée à g.; fleuron. ℞ Taureau à dr.: dessus, lis. L. 9155. var. L. 9157. Tête à g. ℞ Sanglier à g.: dessous, tête de face. L. 9180. Ens. 3 p. potin. TB. *(Pl. IV)*.

282 — **Germanus Indutilli**. F. Tête diadémée d'Octave à dr. ℞ GERMANVS. Taureau à g. Exergue: INDVTILLI. L. 9248. PB. TB. *(Pl. IV)*.

Helvetii

283 — Tête laurée à dr. ℞ Bige dirigé par un aurige à dr. Exergue: ΠNVS. L. ... var. Quart de statère d'or concave. B. *(Pl. IV)*.

284 — Rameau. ℞ Cheval à g. L. 9322. var. arg. B.

Vindélici

285 — Personnage assis à g. Devant, arbre. ℞ Cheval à g. L. 9383. Variété sans l'arbre. ℞ Cheval à dr. se retournant à g. L. 7396 et variété. Ens. 3 p. arg. B et TB.

286 — Tête imberbe à dr. dans une couronne. ℞ Personnage avec manteau à g. tenant un torques. L. 3688. Arg. B.

Imitation des Eduens

287 — Tête échevelée à g. ⸯ Cheval à dr. L. 9411. Arg. TB. — 2 p. potin de la
vallée du Rhin. Ens. 3 p.

Boii

288 — Tête d'oiseau à g. dans une couronne. ⸯ Figure cruciforme surmontée de
2 globules ; dessous, 2 S. L. 9436 var. Statère d'or. B.   *Pl. IV.*

289 — Statère d'or globuleux portant une croix sur l'une des faces. L. pl. XXXIX.
v. 28. B.

290 — Elevation en forme de cœur. ⸯ Deux boucliers entourés de festons. L. 9457.
var. Tiers de statère d'or. TB.

Monnaies Bretonnes d'Angleterre

291 — Tête laurée rudimentaire. ⸯ Cheval à dr., S. points et globules. L. 9497
var. Statère d'or. B.   *Pl. IV.*

292 — Un exemplaire varié. L. 9498 var. Statère d'or. TB.   *Pl. IV.*

293 — Tête rudimentaire. ⸯ Cheval à g. ; dessous, roue ; dessus, légende incom-
plète. L. 2. Statère d'or.

294 — Tête barbare à dr. formée de lettres S. ⸯ Cheval à g. L. 9613. var. arg. TB.

Imitations de Monnaies Grecques

295 — **Types imités des Monnaies de Lysimaque, Roi de Thrace.** Tête
barbare à dr. avec la peau de lion et cinq oiseaux. ⸯ Minerve assise à dr. ;
dessous, trident. L. 9601. Statère d'or. TB.   *Pl. V.*

296 — Tête diadémée à dr. ⸯ ΒΑΣΙΛΕΩΣ ΛΙΣΙΜΑΧΟΥ. Pallas assise à g. BY
sous son siège. Arg. tétradrachme aux lettres monétaires de Byzance, type
barbare. TB.   *Pl. V.*

297 — **Imitation des tétradrachmes des Rois de Macédoine.** Tête barbare à
dr. devant fleuron. ⸯ Cavalier rudimentaire sans bras à dr. L. 9601 var.
Variété ; le cheval à g. L. 9608. var. Ens. 2 p. billon concaves, dont une belle.
                                                                             Pl. V.

298 — Tête barbare laurée, sans menton, à dr. avec double diadème de perles.
ⸯ Cavalier sans bras, sur cheval encavé. L. 9618 var. Tétradr. arg. B.   *Pl. V.*

299 — Un exemplaire varié. L. 9623 var. Tétradrachme arg. B.

300 — Tête d'Hercule à dr. ℞ Jupiter barbare assis à g. : derrière, légende ΛΛΛΛΗΗΗ. L. 9635, var. Tétradrachme arg. TB. (Pl. V).

301 — Un exemplaire beaucoup moins barbare, avec sous le siège de Jupiter une légende barbare et derrière lui ΙΛΙΠΠΟ. Tétradrachme arg. TB. (Pl. V).

302 — Drachme arg. aux mêmes types, mais à la lettre Δ et sans légende sous le siège. L. 9648 var. + une drachme fourrée : Tête laurée à dr. ℞ Cheval à g. Ens. 2 p. B.

303 — **Imitation des tétradrachmes de Thasos**. Tête laurée de Bacchus à dr. ℞ Hercule debout à g. Lég. circulaire barbare. L. 9674 var. Tétradr. arg. B.

304 — **Imitations des Monnaies de Philippe II, roi de Macédoine**. Tête laurée de Jupiter à dr. ℞ ΦΙΛΙΠΠΟΥ. Cavalier à dr. tenant une palme. L. 9707 var. Tétradr. arg. TB. (Pl. V).

305 — Variété avec un coup de cisaille au ℞. Tétradr. arg. B.

306 — Variété plus barbare, le cavalier réduit à un buste. V sous le cheval. L. 9731 var. Tétradr. arg. TB. (Pl. VI).

307 — Autre variété à ce dernier type. Triquetra sous le cheval. L. 9736. Tétradr. arg. TB. (Pl. V).

308 — Tête laurée, barbue à dr. ℞ Cavalier à dr. : au-dessus, points en guise de légende. L. 9757 var. Tétradr. arg. TB. (Pl. V).

309 — Autre variété. ΙΑΠ au-dessus du cavalier. Tétradr. arg.

310 — Tête laurée, barbue à dr., sans menton. ℞ Cavalier à g. : devant, une roue ; dessous, Λ. L. 9794. Tétradr. arg. TB. (Pl. V).

311 — Tête laurée barbare à dr. ℞ Cavalier à g. L. 9807 var. Tétradrachme arg. B. (Pl. V).

312 — Tête laurée de Jupiter à dr. ℞ Cheval libre à g. L. 9815 var. Tétradr. arg. B. (Pl. V).

313 — Tête barbue de Jupiter à dr. ℞ Cavalier à g. L. 9817. var. Tétradr. arg. B. (Pl. V).

314 — Tête barbue, diadémée à dr. ℞ Cavalier à g. L. 9845 var. Drachme arg. B.

315 — Tête laurée d'Apollon à dr. ℞ la Cavalier à g. L. 9860. Tétradr. arg. B. Pl. V.

316 — Tête d'Apollon barbare à dr. avec diadème de perles. ℞ Cavalier dont la tête ressemble à une fleur. L. 9862. Tétradr. arg. B.   (Pl. V).

317 — Tête barbare avec la peau de lion à dr. ℞ Cavalier à g. dont le corps est réduit à une jambe et 3 points. L. 9883. Tétradr. arg. TB.   (Pl. V).

318 — Flan bombé sans type. ℞ Cheval à g.; autour, globules. L. 9892. Tétradr. arg. B.

Imitations diverses

319 — Têtes bifrons barbues. ℞ Cavalier à dr.; devant, un cercle perlé. L. 9899 var. Tétradr. arg. TB.   (Pl. V).

320 — Tête imberbe de vieillard à dr. avec diadème à 3 rangs de perles. ℞ Cavalier à g. L. 9907. Tétradr. arg. TB.   (Pl. V).

Boïens de la Transpadane

321 — Tête jeune imberbe à triple diadème de perles à g. ℞ Cheval libre à g. L. 9912. Tétradr. arg. B.   (Pl. V).

Imitation de Monnaie de Patraüs, roi de Pœnie

322 — Tête laurée à dr. ℞ Cavalier à dr. foulant aux pieds un ennemi. Tétradr. arg. de type barbare. B.   (Pl. V).

323 — Tête laurée à dr. ℞ Cheval à g.; dessus, croissant. L. 10504 var. Quart de statère d'or pâle. B.

Trouvaille de Jersey

324 — Tête barbare à dr. ℞ Cheval à dr.; dessous, lyre, astre. L. 10403. Arg. B.

Imitations de deniers de la République Romaine

325 — Tête diadémée de Vénus à dr. ℞ Figure dans un bige à g. L. 10068. Arg. TB.
                    (Pl. V).

326 — Variété au type de la tête casquée de Rome à g. L. 10072 var. Arg. TB.
                    (Pl. V).

327 — Tête diadémée de Junon à dr. ℞ Griffon à dr. L. 10078 var. Tête de Rome casquée à dr. ℞ Quadrige à dr.; dessous, IAF. L. 10086 var. Ens. 2 p. arg. dont une B.

328 — Tête diadémée de Junon à dr. ℞ Centurion fouettant un soldat. L. 10092. Arg. TB.

329 — Tête de Vénus à dr. ℞ CAESAR. Énée et Anchise à g. Denier arg. de Jules César. Cohen 12 avec au droit un graffiti. ANDVARTO (?) publié par *M. A. Blanchet* dans la Revue Celtique en juillet 1907.

Attributions incertaines

330 — **Dumnacus, Chef des Andes**. Tête à g. ℞ Guerrier debout à g. PB. B. Revue numismatique 1860. Pl. XII.

331 — **Gaulois des Ardennes**. Sanglier à dr. ; dessous S et ПA. ℞ ABTV ΩMIN en 2 lignes. Se classe à Paestum Lucanie. PB. B.

332 — Tête cheveux bouclés à g. ℞ Aurige conduisant un bige à g. La Tour. Pl. LV. D. 11. Quart de statère d'or. TB. (*Pl. V*).

333 — Avers lisse. ℞ Animal cornu à dr. dont le corps se termine en queue de poisson. Quart de statère d'or.

334 — ? rouelles gauloises en potin. TB.

Monnaies Merovingiennes

Belf. = De Belfort. Description Générale des Monnaies Mérovingiennes.

Le Patrice Anténor

335 — Monogramme **ANT**. ℞ Monogramme **AR**. Belf. 290. ℞ **SM** dessus croisette. Belf. 6263. Ens. 2 saiga arg. B et TB. *(Pl. VI).*

Arelatum. *Arles.*

336 — Buste d'un Empereur diadémé à dr. (Justin II ?) ℞ xvttorıv. avtorvm. Croix potencée sur un globe séparant les légendes an et vıı. Exergue : conob. Comparer à Belf. 268 et 5198. Triens or. TB. *(Pl. VI).*

Bannassac

337 — ba Croix latine et globules dans une guirlande. ℞ elafıvs monet. Calice à deux anses, croix et globules. Belf. 649. Tiers de sou d'or. TB. *(Pl. VI).*

338 — Tête diadémée à dr., rameau devant la bouche. ℞ elafıvs monetat. Calice à deux anses, croix. Belf. 653. Tiers de sou d'or. TB. *(Pl. VI).*

339 — Tête diadémée à dr. Croix grecque et chrisme. ℞ gavvletano. Calice à deux anses. Exergue : ba ı. Belf. 735. Tiers de sou d'or pâle. TB. *(Pl. VI).*

340 — Variété en cuivre, faux du temps. Belf. 749 var. TB.

Cabilonnum. *(Châlon-s-Saône).*

341 — …onno. fıt. Buste diadémé à dr. ℞ ıntbıo. mon. Croix sur degrés entre les lettres ca. Belf. 1160 var. Tiers de sou d'or. B.

Dorestadt

342 — **Madelinus.** ΔORESTATFIT. Buste barbare diadémé à dr. ℞ **MAΔEL — IIVSII**. Croix sur large degré. Dessous, six globules. Belf. 1763. Tiers de sou d'or. TB. *(Pl. VI).*

Marseille

343 — HMAVRIIIVGPP. Buste diadémé à dr. ℞ VICAORIAVTOAV. Croix sur un globe partageant les légendes MA et VII. Exergue : CONOB. Belf. 2437 var. Tiers de sou d'or. TB. (Pl. VI).

344 — Variété à légendes très réduites et sans cercle entourant la croix et le globe. Tiers de sou d'or. B.

345 — TIB. PP. AVG. Buste diadémé à dr. ℞ VICTORIA AVTORVM. Croix sur un globe partageant les légendes MA et VII. Belf. 2441 var. Tiers de sou d'or. TB. (Pl. VI).

346 — **Dagobert I.** DA.... Buste diadémé à dr. ℞ M. ELESIV... Croix fourchée entre M et A. Belf. 2501 var. Tiers de sou d'or. B. (Pl. VI).

347 — **Sigebert III.** SIG.... TVS. Buste diadémé à dr. Devant R. ℞ Croix à long pied sur un globe entre les lettres MA. Belf. 2519 var. Sou d'or pâle. (Pl. VI).

348 — Buste diadémé à dr. Devant MA℞. ℞ SIGIBE... rétrograde. Croix sur globe entre les lettres MA et globules. Belf. 2534 var. Tiers de sou d'or. B.

349 — **Nemphidius. Patrice.** Tête diadémée à dr. ℞ D.V.S. autour d'une croix grecque. Belf. 2597. Variété : la légende du ℞ autour d'un globule. L. 2620. Ens. 2 p. arg. B.

350 — ℞ N. P. D. S. en monogramme cruciforme. Belf. 2631. Tête à g. ℞ NEF. en monogramme. Belf. 2640. 2641. Ens. 3 p. arg. B.

351 — Buste diadémé à dr. Derrière, croix. ℞ NEF. Belf. 2644, 2646, 2648, 2649 et variété. Ens. 5 saiga arg. B. et TB.

352 — Buste diadémé à dr. ℞ Grand N et quatre croisettes. Belf. 2657. ℞ Monogr. ME. Belf. 2661. Buste à g. ℞ Monogramme dégénéré. Belf. 2669, 2670. Ens. 4 saiga. Arg. B.

353 — **Ansebert. Patrice.** Buste diadémé à dr. devant A. ℞ ANSEDE. autour de la lettre T dans le champ. Belf. 2690 var. saiga arg. B.

354 — Tête diadémée à g. ℞ EST. autour de S dans un ovale. Belf. 2711. saiga arg.

355 — **Patrice indéterminé.** Grande lettre M surmontée d'une croisette. ℞ Croix grecque cantonnée de OEΛΛ. Belf. 2756. saiga arg. TB.

Metz

356 — **Dagobert II ou Thierry III.** D. sous une barre d'abréviation. ⟂ ME en monogr. Belf. 2907 var. Variété avec croisette dans le D. Belf. 2907 var. Ens. 2 p. arg. B.   (Pl. VI).

Narbonne

357 — **Chindaswindus Roi Wisigoth.** CHIND. SVID. RE. Buste de face, guirlande extérieure. ⟂ NARBONAF. S. Buste de face, guirlande extérieure. Belf. 3151. Tiers de sou d'or. TB.   (Pl. VI).

Odomagus. *Château-Thierry.*

358 — **Druetigisilus.** ODOMOFI. Buste diadémé à dr., les cheveux hérissés. ⟂ DROCTE. GISILVS. Croix potencée sur globe et deux globules. Belf. 3277. Triens or. TB.   (Pl. VI).

Aurélianis. *Orléans.*

359 — NVARINHSICIV. Tête barbare à dr. ⟂ Victoire dégénérée. Triens d'or. B. L'attribution de ce triens à Orléans est incertaine. La légende autour de la tête semble découler de AVRILIANIS. CIV.

Parisius. *Paris.*

360 — OVO. OZ. Tête chaperonnée de perles à dr. ⟂ Croix à double chrisme. Belf. 3421 var. Denier arg. B.

Sosernus. *Soulesmes (Meuse).*

361 — ZÆ. ZIMOVIC. Buste diadémé à dr. ⟂ SEN... VISO. Croix surmontée d'un trait et d'un point. Triens or. B.   (Pl. VI).

Tolède

362 — **Sisenand. Roi Wisigoth.** SISENANDVSREX. Buste de face. ⟂ TOLETO. PIVS. Buste de face. Tiers de sou d'or. TB.   (Pl. VI).

Tolosa. *Toulouse.*

363 — THOLOSA. Buste à dr. ⟂ MALLIONE... Croix ancrée entre deux globules. Triens or pâle d'un monétaire inédit publié dans la Revue Numismatique de 1931. TB.   (Pl. VI).

Trecas. *Troyes*

364   TRE.. FIT. Buste diadémé à dr. ℞ AVDOLE... MO. rétrograde. Croix sur un globe accostée de Λ Ɔ. Belf. 4381. Triens or. TB.

Vellavus. *Saint-Paulien*

365 — VELLA OSA. Buste diadémé à dr. ℞ Croix latine, pattée sur un degré entre AR. [illegible]. 4708 var. Tiers de sou d'or. B.

Monnaies Pseudo impériales

366 — **Anastase.** DN. ANASTASIVS. PP.AVG. Buste diadémé à dr. ℞ VICTORIA AVGVSTOREA. Victoire passant à dr. Belf. 5093 var. Tiers de sou d'or. TB.

367 — Un exemplaire varié. Belf. 5015 var. Triens or. TB.

368 — **Justinien.** Buste à dr. ℞ OICTINI. Victoire de face. Triens or. TB.
(Pl. VI).

369 — Une variété tout à fait barbare à ce type. Triens or. TB.

370 — Buste à dr. ℞ ICTORIA. Croix. Triens or. TB.   (Pl. VI).

371 — **Justin II.** Variété aux types du précédent. Triens or. B.

372 — Buste à dr. ℞ VITORIA AGVSTO. Victoire passant à dr. Belf. 5300 var. Triens or. B.

Imitation Romaine immobilisée

373 — VICTORI... Buste diadémé à dr. ℞ VICTVRIAAVGVS. Victoire de face. Belf. 5300 var. Tiers de sou d'or. B.

Indéterminés

374 — ⊢HODEⱭ⊢WLE. Tête à dr. ℞ Croix potencée en un cercle de globules. Lég. circulaire LI⊢HLEO⊢ⱭWON. Triens or pâle. TB.   (Pl. VI).

375 — Tête à dr. Lég. circulaire SIAXOHO ?. ℞ Croix fourchue aux extrémités posée sur une base fourchue de même. Triens d'or. B.

376 — Tête à dr. Autour. MONE ? . ℞ Croix en un cercle. Autour. VRSVS. Triens d'or. B.   (Pl. VI).

377 — Tête dégénérée à dr. : dessous, croix pattée. Autour ΛΛΙΛΛΟΙΛΛΟ. ℞ Croix pattée. Autour ΝΟΙΛΟΛΟΝΤΛΝΝΟ. Triens or. TB.

378 — Très beau triens or, peut-être pour Avignon, de types à déterminer.
(Pl. VI.)

379 — Deux deniers arg. B et TB.

Anglo-Saxons

380 — **Royaume de Mercie.** Sceatta arg. à la tête à dr. B.

381 — **Royaume de Northumberland.** Eanred. — Aethelred II. — 2 sicatis bas argent. TB.

Monnaies Carolingiennes

G = E. Gariel. — *Monnaies royales de France sous la race carolingienne.*
Strasbourg 1884.

Pépin le Bref (752 à 768)

382 — R.P. en monogramme. ℟ INT. TRA. NO. en 3 lignes. Denier d'*Antrain*. G. Pl I
n° 2. B.   *(Pl. VI).*

383 — R.P. en monogramme. ℟ R entre deux croisettes. Denier de *Reims*. G. III.
55. TB.

Charlemagne (768 à 814)

384 — CARO-LVS en deux lignes. ℟ CLS. Denier de *Cluses*. G. VI. 33. TB.
                                                             (Pl. VI).

385 — CARO-LVS en deux lignes. ℟ S&D-TVT. Dessus, hache. Denier de *Dorestadt*.
G. VII. 50. B.   *(Pl. VI).*

386 — CARO-LVS en deux lignes. ℟ Lég. circulaire autour d'une rosace. Denier de
Melle ou Médoc. G. VIII. 87. B.

Charlemagne et Grimwald

387 — GRIM-VALD. Buste de face avec manteau. ℟ DOMS-CAR-BX. Grande croix
potencée sur quatre degrés. G. XI. 153. Sou d'or de *Bénévent*. TB.   *(Pl. VI).*

388 — Variété : la croix sur un seul degré et monogramme à g. G. XI. 154. Tiers
de sou d'or. TB.

389 — Variété à ce dernier type, mais la croix entre 2 lettres. Tiers de sou d'or.
TB.   *(Pl. VI).*

Charlemagne

390 — CARO-LVS en deux lignes. ℟ R.FR. en monogramme. G. XI. 160 var.
Variété : ℟ R.F. et un petit T. G. XI. 167 var. Ens. 2 deniers du Nord de l'*Italie*.
TB.

391 — CARLVS.REX.FR. autour d'une croix. ℞ PAPIA. autour d'un monogramme par K. Denier de *Paris*. G. XII. 179. B.

392 — CARLVSREXFR autour du monogramme par K. ℞ ARELATO autour d'une croix. Denier d'*Arles*. G. XII. 186. B.

393 — CARLVS.REXFR autour d'une croix. ℞ METVLLO. Monogramme par K. Denier de *Melle*. G. XIII. 209. ℞ TVRONIS. Denier de *Tours*. G. XIII. 211. ℞ TOLOSA. Denier de *Toulouse* (2 variétés). G. ?. Ens. 4 deniers. B et TB. *(Pl. VI.)*

Louis le Débonnaire

Roi d'Aquitaine (781 à 814). **Empereur** (814 à 840).

394 — LVDOVVIC en deux lignes. ℞ METALLVM en légende circulaire autour d'une croix. G. XIV. 5. Obole. TB. *(Pl. VI.)*

395 — Buste à dr. ℞ Croix dans une couronne. G. XIV. 15 var. Sou d'or pâle. B. *(Pl. VI.)*

396 — ℞ LVDOVICVS IMP. en légende circulaire. Croix. ℞ AQVI-TANIA en deux lignes. G. XIV. 19. Obole d'*Aquitaine*. B.

397 — HLVDOVVICVSIMP. Croix. ℞ MASS-ILIA en deux lignes. Denier de *Marseille*. G. XVI. 65. TB. *(Pl. VI.)*

398 — HLVDOVVICVSIMP. Croix. ℞ METALLVM en deux lignes. Denier. G. XVI. 68. ℞ METALLVM en légende circulaire autour d'une croix. Denier. G. XVI. 70. Obole à ce dernier type. G. XVI. 71 var. HLVDOVVICVS.IM. en légende autour de 4 coins monétaires. ℞ METALLVM autour d'instruments de monnayage. Obole. G. XVII. 76. Ens. 4 p. pour *Melle*. B et TB. *(Pl. VI.)*

399 — HLVDOVVICVS IMP. autour d'une croix. ℞ PAPIA. Denier de *Paris*. G. XVII. 95. TB. *(Pl. VI.)*

400 — ℞ SENO NES en 2 lignes. G. XVIII. 117. HLVDOVVICVS IMP. AVG. Buste à dr. ℞ SEN O-NES. autour d'une porte. G. XVIII. 119 var. Ens. 2 deniers pour *Sens*. le premier TB. *(Pl. VI.)*

401 — HLVDOVVICVS IMP. autour d'une croix. ℞ VENE-CIAS en deux lignes. Denier de *Venise*. G. XIX. 140 var. B.

402 — ℞ VIRD. VNVM. en deux lignes. Denier de *Verdun*. G. XIX. 144. B. *(Pl. VI.)*

Louis le Débonnaire et le Pape Grégoire IV (828 à 844).

403 — LVDOVVICVSIIP. en légende circulaire autour de PIVS en monogramme.
ℝ SCSPETRVS en légende autour de GRG-II en trois lignes. Denier de *Rome*.
G. XX. 155. Exemplaire fatigué. B.

Pépin I
Roi d'Aquitaine (817 à 838).

404 — PIPINVS REX autour d'une croix. ℝ AQVI-TAINA en 2 lignes. Obole. G. XX. 1.
var. TB.

Charles le Chauve (840 à 877).

405 — CARLVS. REX. FR. en légende circulaire autour d'une croix cantonnée de
points. ℝ AVRELIANIS autour d'un temple. G. XXI. 10. Variété: le temple
remplacé par une porte de ville. G. XXI. 11. Ens. 2 deniers pour *Orléans*. B et
TB.

406 — ℝ REMIS. CIVITAS autour d'un temple. G. XXI. 15. Denier de *Reims*.
ℝ SENONES. CIVITAS autour d'un temple. G. XXI. 19 var. Denier de *Sens*. Ens.
2 p. B.

407 — CARLVS. RE en lég. circulaire autour d'une croix. ℝ AQVI. TANIA en 2 lignes
G. XXII. 29. Obole d'Aquitaine. 2 variétés.

408 — ℝ BITVRICES. CIVI autour de monogramme par K. G. XXII. 39. Denier de
Bourges. ℝ CLAROMONT. G. XXIII. 58. Denier de *Clermont-Ferrand*. Ens. 2 p.
B et TB.   (*Pl. VI*).

409 — CARLVS. REX. FR. en légende circulaire autour d'une croix. ℝ METVXLLO autour
du monogramme par K. G. XXIII. 59. 6 deniers variés. TB.

410 — Grand monogramme par K occupant tout le champ. ℝ MERVLLO autour d'une
croix. G. XXIV. 75. — 3 oboles variées pour *Melle*. B et TB.   (*Pl. VI*).

411 — CARLVS. IMP. AVG. autour d'une croix. ℝ BITVRICES. CIVIT autour du monogr.
par K. G. XXIV. 88 var. Denier de *Bourges* et variété en obole. ℝ NEVERNIS
CIVI. G. XXIV. 91. Denier de *Nevers*. Ens. 3 p. TB.

412 — **Charles le Chauve et le Pape Jean VIII.** KAROLVS MP autour du monogr.
du Pape. ℝ SCS et PETRVS de chaque côté de la tête de St-Pierre. G. XXIV. 94.
Denier ébréché. B.

413 — **Charles le Chauve. Type de l'Édit de Pitres.** GRATIA. DII. REX autour du
monogramme par K. ℝ AMBIANIS. CIVI autour d'une croix. G. XXV. 4. Denier
d'*Amiens* et variété en obole. G. XXV. 8 var. Ens. 2 p. B et TB.

414 — R/ ANDEGAVIS. CIVITAS. G. XXV. 9. Denier d'*Angers*. R/ ATREBATIS. CIV.
G. XXV. 12 var. Denier d'*Arras*. R/ AVTISIODER. CIVIS. G. XXV. 22 var. Denier
d'*Auxerre*. Ens. 3 p. B et TB.

415 — R/ BELLEVACVS. CIVI. G. XXVII. 49. Denier de *Beauvais*. R/ BRVGGIA. MO.
G. XXVII. 55 var. Denier de *Bruges*. R/ CARNOTIS. CIVITAS. G. XXVII. 71. Denier
de *Chartres*. Ens. 3 p. B et TB.

416 — R/ CVRTISASONIEN. G. XXVIII. 94. Denier de *Saosnes*. R/ QVVENTOVVICI.
Denier de *Quentovic*. R/ LVGDVNI CLAVATI. G. XXX. 125. Denier de *Laon*. Ens.
3 p. TB.   *Pl. VII*.

417 — R/ CINOMANIS. CIVITAS. G. XXX. 129. Denier du *Mans*. Variété en obole.
G. XXX. 130. LICSOVINI. CIVIT. G. XXX. 133. Denier de *Lisieux*. Ens. 3 p. B et
TB.   *Pl. VII*.

418 — R/ MELDIS. CIVITAS. G. XXXI. 145. Denier de *Meaux*. R/ AVRELIANIS. CIVITAS.
G. XXXI. 164 et 2 autres variétés. Denier d'*Orléans*. Ens. 4 p. B et TB.
                                                                       Pl. VII.

419 — PALATINA. MONE. G. XXXII. 169 et variétés. 171 et 180 (?) Denier du *Palais*.
Ens. 3 p. B et TB.   *Pl. VII*.

420 — PARISI. CIVITAS. G. XXXII. 182. Denier de *Paris*. R/ QVVENTOVVICI. G. XXXII.
187. Denier de *Quentovic*. 2 variétés et une obole. G. XXXII. 191 var. Ens. 4 p.
B et TB.

421 — REMIS. CIVITAS. G. XXXIII. 193. Denier de *Reims* 2 variétés. R/ BREDONIS.
CIVITAS. G. XXXIII. 199. Denier de *Rennes* 2 variétés. Ens. 4 p. B et TB.
                                                                       Pl. VII.

422 — R/ ROTVMAGVS. CIVIT. G. XXXIII. 207 var. 2 variétés. Denier de *Rouen* et
obole. G. XXXIII. 210 var. Ens. 3 p. B et TB.   *Pl. VII*.

423 — R/ SCI ΔIONISII IM. G. XXXIV. 221. Denier de *St-Denis* et obole. G. XXXIV.
222. R/ TVRONES. CIVITAS. G. XXXVI. 267. Denier de *Tours*. R/ TREGAS. CI..
G. XXXVI. 271 var. Denier de *Troyes* et un denier de type immobilisé. Ens. 5
p. B et TB.

Pépin II

Roi d'Aquitaine (839 à 852).

424 — PIPINSR. en monogramme. R/ METVLLO. Croix. Obole de *M...*. G. XXXVII.
4. TB.   *Pl. VII*.

Louis II le Bègue (861 à 879).

425 — LVDOVVICVS. Croix. ℞ ARELACIVIS. autour du monogramme par K. Denier
d'Arles. G. XXXVII. 2 var. Ens. 3 p. variées. B.

426 — MISERICORDIAD-I. REX autour d'un monogramme. ℞ TVRONES CIVITAS. Denier
de Tours. G. XXXVIII. 13. TB. (*Pl. VII*).

Carloman (879 à 884).

427 — CARLEMANVSII. Croix. ℞ ARLEA. CIVISX autour d'un monogramme. Denier
d'Arles. G. XXXIX. 2. B. (*Pl. VII*).

428 — Variété; CARLEMANVS.PE. Croix. ℞ ARLAGIVIS. autour d'un monogramme.
Denier d'Arles. G. XXXIX. 4. TB.

Charles le Gros (884 à 887).

429 — CARLVS IMPERAT. autour d'une croix. ℞ ARELACIVIS. Denier d'Arles. G. XL.
10. et variétés. Ens. 5 variétés de la trouvaille d'Avignon. B.

430 — KAROLVS. IMP. autour d'une croix cantonnée de 4 globules. ℞ XPISTIANA.
RELIGIO autour d'un temple. G. XLI. 28 var. Grand denier. B. (*Pl. VII*).

431 — CARLVS. IMP. AVG. autour d'une croix. ℞ BITVRICES CIVI autour d'un monogr.
Denier de Bourges. G. XLI. 44 et 45. Obole aux mêmes types variés. Ens. 4 p.
B et TB. (*Pl. VII*).

432 — CARLVS REX. ℞ CLAROMNNT. Denier de Clermont-Ferrand. G. XLII. 47. B.
(*Pl. VII*).

Deniers à la Légende Chrétienne

433 — H.LVDOVVICVS. IMP. autour d'une croix cantonnée de points. ℞ XPISTIANA
RELIGIO. Temple. G. XLIV. 36 et variétés. Ens. 7 p. TB. (*Pl. VII*).

434 — 7 autres variétés. TB. (*Pl. VII*).

435 — 2 oboles à ce type varié. G. XLIV. 43. dont une B.

436 — CARLVS. REX. FR. Croix cantonnée de points. ℞ XPISTIANA. RELIGIO. Temple.
G. XLV. 51 et variétés. CARLVS. REX. Croix. ℞ XPIANANIGIO. Monogramme.
XLV. 69 var. Ens. 5 p. TB. (*Pl. VII*).

Eudes (887 à 898).

437 — GRATIA. D.I.REX. autour du monogramme. ℞ ANDECAVIS CIVITAS. Denier d'*Angers*. G. XLVI. 1. MISERICORDIA. D.I autour d'un monogramme. ℞ BLESIANIS CASTRO. Denier de *Blois*. G. XLVI. 9 et variétés. Ens. 4 p. TB. *Pl. VII*.

438 — GRATIA D.I.REX autour de oDo entre 2 croisettes. ℞ LIMOVICAS. CIVIS. autour d'une croix. G. XLVII. 26. mêmes types dégénérés. G. XLVII. 27. variétés. Deniers de *Limoges*. ℞ AVRELIANIS. CIVITAS. G. XLVII. 32. Denier d'*Orléans*. Ens. 4 p. B et TB. *Pl. VIII*.

439 — ODDO.REX.FR. autour d'une croix. ℞ TOLOSA CIVI autour de oDo. Deniers de *Toulouse*. G. XLVIII. 2 et obole. G. XLVIII. 55. Ens. 3 p. B. *Pl. VII*.

440 — MISERICORDIA. DII. autour d'un monogramme. ℞ TVRONES CIVITAS. autour d'une croix. Denier de *Tours*. G. XLVIII. 57. 2 variétés. TB. *Pl. VII*.

Robert I (922 à 923).

441 — MISERICORDIA.D.I autour du monogramme de Robert. ℞ TVRONES CIVITAS. Croix. Denier de *Tours*. G. XLVIII. 1. B.

Charles III le Simple (898 à 923).

442 — CARLVS REX. autour d'une croix. ℞ BLEDONIS. Temple. Denier de *La ville ou Lons-le-Saunier*. 2 variétés de G. XLIX. 5. B et TB. *Pl. VII*.

443 — CARLVS REX autour d'une croix. ℞ METVLO en deux lignes. Denier de *Melle*. 6 variétés. B et TB. *Pl. VII*.

444 — 6 autres variétés. B et TB. *Pl. VII*.

445 — 5 variétés en oboles. B et TB.

446 — GRATIA. DII. REX. autour d'un monogramme. ℞ METTIS. CIVITAS. autour d'une croix. G. L. 48 var. Denier de *Metz*. Ens. 2 p. B. *Pl. VIII*.

447 — KROLVS.PIVS.REX autour d'une croix. ℞ ARGENT SCIVITS. en 2 lignes. G. LI. 72 var. Denier de *Strasbourg* et obole d'atelier indéterminé. G. LII. 92 var. Ens. 2 p. B. *Pl. VIII*.

Louis IV d'Outremer (936 à 954).

448 — H. LVDOVVICVS autour d'une croix et de L. ℞ LINGONISCVI autour d'une croix. Denier de *Langres*. G. LV. 12 variété. Ens. 2 p. variées. B.

449 — LODVICVS RE autour d'une croisette, faucille, globules, etc. ℞ NEVERNISCVT autour d'une croix. Denier de *Nevers*. 2 variétés. G. LV. 19 et obole. G. LV. 20 var. Ens. 3 p. B et TB. *(Pl. VIII)*.

450 — LVDOVVICVS.RE. autour d'une croix cantonnée de globules. ℞ TVLLO dans le champ. Denier chréché de *Toul*. G. LVI. 33 et denier attribué à *Sens* (?). Ens. 2 p. dont B. *(Pl. VIII)*.

<h3 align="center">Lothaire 954 à 986.</h3>

451 — LOTERIVS REX autour d'une croix. ℞ ETVRIC... autour d'un monogramme. Obole de *Bourges*. G. LVII. 69. ℞ BITURICES. CIVITAS autour d'un temple. G. LVII. 5. Ens. 2 p. dont une TB. *(Pl. VIII)*.

452 — LOTH.... Tête barbare à g. ℞ HERIB... autour d'une croix cantonnée de quatre points. Denier de *Laon*. (?) G. LVII. 15 var. : frappé aux noms de **Lothaire et Herbert de Vermandois**. Caron nº 579 var. TB.

<h3 align="center">Louis V (986 à 987).</h3>

453 — LODOICVS. autour d'une croix. ℞ SANCTIS autour de trois croisettes. Denier de *Saintes*. G. LVIII. 2 var. B. *(Pl. VIII)*.

EMPEREURS CAROLINGIENS ÉTRANGERS

<h3 align="center">Lothaire (840 à 855).</h3>

454 — HLOTHARIVS. IMP. autour d'une croix cantonnée de points. ℞ XPISTIANA RELIGIO autour d'un temple. Denier à la lég. chrétienne. G. LIX. 8 et variétés. Ens. 5 pièces. B et TB. *(Pl. VIII)*.

455 — HLOTHARVS... autour d'une croix. ℞ DOR.ES-TA-TVS. en 3 lignes. Denier de *Dorestat* chréché. G. LIX. 16. HLOTARIVS IPIERAT autour d'une croix cantonnée de points. ℞ DORESTATVS.MON. autour d'un temple. G. LIX. 17 et variétés. Ens. 4 p. une brisée. B et TB.

456 — HLOTHARIVS. IMP. AV. autour d'une croix. ℞ PAPIA. Denier de *Pavie*. G. LIX. 24. TB. *(Pl. VIII)*.

<h3 align="center">Louis II d'Italie (855 à 875).</h3>

457 — HLVDOVICVS IMP. autour d'une croix cantonnée de 4 points. ℞ XRISTIANA. RELIGIO autour d'un temple. Ens. 2 deniers dont un de grand module qui peuvent être attribués à cet Empereur. B. *(Pl. VIII)*.

458 — Dégénérescence de LVDOVVICVS autour d'une croix. ℞ Dégénérescence de ARGENTI.NAGIVIT. en 2 lignes. Denier de *Strasbourg*. G. LXI. 8 var. B.

Louis V et Angilberge, sa femme (867 à 870).

459 — LVDOVVICVS INP. Croix sur des degrés. ℞ ANGILBERGANP autour d'une croix à huit branches. Petit denier. G. LXI. 18. TB.   (*Pl. VIII*).

Boson
Roi de Provence (879 à 887).

460 — BOSOGRACIADEI. en lég. circulaire autour de REX. ℞ VIENNACIVIS autour d'une croix. Denier de *Vienne*. G. LXII. 1. B.   (*Pl. VIII*).

Louis l'Aveugle
Roi de Provence (890 à 901).

461 — LVDOVVICVSMBR. autour d'un monogramme. ℞ VIENNA CIVIS. autour d'une croix. G. LXIII. 2. LVDOVVICVS autour d'une croix. ℞ VI dans un grènetis. G. LXIII. 3 var. Ens. 2 deniers de *Vienne*. B.   (*Pl. VIII*).

Bérenger
Roi d'Italie (888 à 900)

462 — BERENGARIVS INP. autour du monogramme du Christ. ℞ XPISTIANA RELIG. autour de PA.PIA.C.. en 3 lignes. Denier de *Pavie*. G. LXV. 2. BERENGARIVS autour d'une croix cantonnée de points. ℞ XPISTIANA... autour d'un temple. Deniers; G. LXV. 5 et variété. Ens. 3 pièces. B et TB.   *Pl. VIII*.

Hugues et Lothaire (931 à 950).

463 — VGOLOHTARIVS. autour d'un monogramme. ℞ XPITIANARE autour de PAPIA. Denier de *Pavie*. G. LXV. 3 et variété. Ens. 2 p. B.   *Pl. VIII*.

Bérenger II
Roi d'Italie (950 à 961).

464 — Dégénérescence de BENEREKARIVS REX. autour d'une croix. ℞ Temple et dégénérescence de la légende Chrétienne. XPISTIANA... G. LXV. 1 et 2. Ens. 2 p. B et TB.   (*Pl. VIII*).

Rodolphe II
Roi de Bourgogne (996 à 1032).

465 — RODVLFVS autour d'une croix. ℞ LVGDVNVS autour d'un temple. Denier de *Lyon*. G. LXVII. 1. Variété en obole. G. LXVII. 3. Ens. 2 p. B et TB. (*Pl. VIII*).

Conrad le Salique
Roi de Bourgogne (937 à 993).

466 — CONRADVS autour d'une croix. ℞ LVGDVNVS autour d'une croix sur une base. Denier de *Lyon*. G. LXVII. 3 et variété en obole. Ens. 3 p. TB.   (*Pl. VIII*).

Henri le Noir
Roi de Bourgogne (1039 à 1056).

467 — HEINRICVS autour de H. ℞ LVGDVNVS. autour d'une croix. Denier de *Lyon*. G. LXVII. 1. VRBS. VIENNA. autour de H. ℞ S.MAVRICIVS autour d'une croix. Denier de *Vienne*. Puy. d'Avant 1820. Ens. 2 p. TB.   (*Pl. VIII*).

Othon 1 (936 à 973). Othon 11 (973 à 983).

468 — OTTO.REX autour d'une croix. ℞ EPATIAD. IRX. autour d'un monogramme. Denier. G. LXVIII. 1 et variété. OTTO. IMPERATOR. ℞ Lettres formant VERONA autour d'une croix. Denier de *Vérone*. G. LXVIII. 16 et un denier pour *Parie*. Ens. 4 p. arg. B et TB.   (*Pl. VIII* et *IX*).

Rois pirates normands

469 — **Canut, Olaf et Sivert**. 3 deniers arg. TB.   (*Pl. IX*).

Monnaies Royales
de
Hugues Capet à la Révolution

H = H. Hoffmann. — Monnaies royales de France depuis Hugues Capet jusqu'à Louis XVI. Paris 1878. Pour les ateliers, pour les attributions difficiles et toutes récentes insuffisantes dans l'ouvrage précédent, il faut recourir au Manuel de Numismatique française : tome deuxième, par A. Dieudonné. Paris 1916.

Hugues Capet (987 à 996).

470 — HERVEVS. HVGO. REX. Croix cantonnée de 2 globules. ℞ BELVACVS. CIVITAS autour d'un monogramme. Denier de *Beauvais*. H. 9 et obole. H. 16. Ens. 2 p. B.
Pl. IX.

Robert le Pieux (996 à 1031).

471 — RO.BER.TVS en lég. circulaire autour de REX. ℞ PARISIVS CIVITAS autour d'une croix. Denier de *Paris*. H. 1 B.

472 — Denier de *Laon* à son buste et à celui de l'Evêque.

473 — **Hugues. Fils de Robert.** D-I DEXTRA. REX. autour d'un portail. R AVRELIANIS CIVITAS. autour d'une croix. Denier d'*Orléans*, classé par Hoffmann sous le n° 7 à Philippe 1er. Ens. 3 variétés. TB.
Pl. IX.

Henri 1er (1031 à 1060).

474 — HAINRICVS. REX autour de **A** et **Ω**. ℞ PAISIVS. CIVITAS autour d'une croix. Denier de *Paris*. H. 1 variété. TB.
Pl. IX.

475 — 2 autres variétés dont une TB.

476 — 2 autres variétés. B.

Ces pièces proviennent de la trouvaille de St-Hilaire, publiée en la Revue Numismatique de 1911.

477 — HINRICVS. REX. autour d'une croix. ℞ CAVLON CIVITA autour de B. Denier de *Chalon-sur-Saône*. H. 3. B. *(Pl. IX)*.

Philippe Iᵉʳ (1060 à 1108).

478 — PHILIPPS autour de REX. ℞ PARISIVS. CIVITAS rétrograde. Denier de *Paris*. H. 4. var. B.

479 — D-I-DEXTRA REX. autour d'un portail. ℞ AVRELIANIS CIVITAS autour d'une croix. Denier d'*Orléans*. H. 7. Variété en obole. H. 8. Ens. 2 p. B.

480 — Variétés : A et Ω suspendus à la croix du ℞. Deniers d'*Orléans*. H. 9 var. et obole. H. 12. Autre variété : deux croisettes suspendues à la croix du ℞. H. 11. Ens. 4 p. B. *(Pl. IX)*.

481 — PHILIPPVS. REX. autour d'un portail. ℞ CASTELLVM. STAMPIS. Croix. Denier d'*Etampes*. H. 17. B.

482 — PHILIPPVS. REX. autour d'une croix. ℞ CVITAS-SILNECTIS autour d'un monogramme. Denier de *Senlis*. H. 21. Variété obole. H. 22. Ens. 2 p. B.

483 — Denier de *Dreux* au temple. H. 27. Denier de *Mâcon*. MATISCON. [H. 31 Ens. 2 p.

Louis VI (1108 à 1137).

484 — Deniers de *Pontoise*. H. 5. H. 6 et variété. Deniers d'*Orléans*. H. 8 et var. Denier d'*Etampes*. H. 9. Ens. 4 p. B et TB.

485 — Denier de *Château-Landon*. H. 14 et var. Denier de *Dreux*. H. 16 var. Obole H. 17. Denier de *Montreuil*. H. 21 var. Denier de *Nevers*. H. 22. Obole de *Laon*. H. 24. Ens. 10 p. B et TB. *(Pl. IX)*.

Louis VII (1137 à 1180).

486 — Denier de *Paris*. H. 1. Obole. H. 2. Denier de *Mantes*. H. 3 et variété, peut-être de Louis VI. Denier de *Bourges*. H. 4. Denier d'*Etampes*. H. 6 et variété. Obole H. 7. Ens. 8 p. B et TB. *(Pl. IX)*.

487 — Deniers de *Bourbon*. H. 13 var. H. 15. Denier de *Langres*. H. 17 var. Deniers d'*Angoulême*. H. 18 et variété. Denier de *Laon*. H. 20. Ens. 6 p. B et TB.

Philippe II Auguste (1180 à 1223).

488 — Deniers de *Paris*. H. 1 et var. *Arras*. H. 3 et var. *Déols*. H. 7. *Montreuil*. H. 9. *St-Martin de Tours*. H. 12. *Tours*. H. 15. *Laon*. H. 17. *Bretagne*. H. 2. Ens. 12 p. ; quelques-unes B.

Louis VIII (1223 à 1226).

489 — Deniers de *Paris*. H. 1. *Tours*. H. 3 et variété obole (?). Ens. 5 p. B et TB.

Louis IX St-Louis (1226 à 1270).

490 — LVDOVICVS. REX. autour d'une croix. Lég. extérieure circulaire : SIT.NOME. DNI... IE TVRONIS. CIVIS. autour d'un châtel tournois. Dessous, étoile et bordure de 12 lis. Gros tournois à l'étoile. H. 9. TB. *(Pl. IX).*

491 — 2 variétés sans l'étoile. Gros tournois. H. 10. TB. *Pl. IX.*

492 — Variété contremarquée d'une croisette pour *Mayence*. Deniers de *Paris*. H. 11 : de *Tours*. H. 13 et obole de *Tours*. H. 14. Ens. 7 p. B et TB.

Philippe III le Hardi 1270 à 1285

493 — Gros tournois au châtel surmonté d'une fleur de lis. H. 4. TB. *(Pl. IX).*

494 — Gros tournois au châtel surmonté d'une croix. H. 5. Deux variétés. TB. *(Pl. IX).*

495 — Denier de *Paris*. H. 6. Obole de *Paris*. H. 7. Denier de *Tours*. H. 8. Obole de *Tours*. H. 9. Ens. 7 p. B et TB.

496 — Denier de *Toulouse* à la fleur de lis. H. 10. B. *(Pl. IX).*

Philippe IV le Bel (1285 à 1314).

497 — AGN.DI.QVI.TOLL.PECCA... autour de l'Agneau Pascal. Dessous. Ph. REX. IE XPC. VINCIT. XPC. REGNAT... autour d'une croix feuillue en une rosace à 4 fleurs de lis. Agnel d'or. H. 1. TB. *Pl. IX.*

498 — PHILIPPVS.DEI.GRA.FRANCHORVM REX. Le roi assis, tenant un sceptre et une fleur de lis. R.XPC. VINCIT... Croix feuillue, cantonnée de fleurs de lis dans une rosace. H. 4. Masse d'or. B. *(Pl. IX).*

499 — Gros tournois à l'O rond. H. 5. 4 variétés, et mailles tierces. H. 7 (2 variétés). Ens. 6 p. TB. *(Pl. IX).*

500 — Gros tournois à l'O long. H. 8 (4 variétés). Maille blanche. H. 9 et variété.
Ens. 6 p. B et TB.

501 — Denier de *Paris*. H. 13; Maille de *Paris*. H. 15; denier de *Tours*. H. 16
(3 variétés). Maille tournois. H. 18; Royal Parisis double. H. 20; Double
tournois. H. 23; Mitte royale tournois. H. 25 ; Bourgeois fort. H. 26; Bourgeois
simple. H. 28 (2 variétés); Maille bourgeoise. H. 30. Ens. 13 p. B et TB.

Louis X (1314 à 1316).

502 — Gros tournois et denier tournois à l'x de REX cantonnée de points. H. 2 et
H. 6. Ens. 2 p. B et TB. (se classent mieux à Louis IX).   (*Pl. IX*).

Philippe V (1316 à 1322).

503 — Agnel d'or à l'Agneau Pascal au dessus de la légende Ph. REX surmontant
elle même un croissant. H. 1 variété. TB.   (*Pl. IX*).
Cette pièce peut se classer aussi à Philippe IV.

504 — Gros tournois avec maillets dans les légendes H. 2; avec trèfles: une variété
contremarquée à la croisette. Gros tournois au T oncial. H. 3. Denier Parisis.
H. 4; Denier tournois. H. 6 (4 variétés); maille tournois H. 7. Ens. 10 p. B et TB.
(*Pl. X*).

Charles IV le Bel (1322 à 1328).

505 — Agnel d'or à l'Agneau Pascal surmontant la légende KL.REX. H. 1. B.
(*Pl. X*).

506 — KOL.REX. FRACOR. Le Roi debout sous un dais gothique. R XPC. VINCIT. Croix
feuillue dans une rosace, cantonnée de 4 couronnelles. Royal d'or. H. 2. TB.
(*Pl. X*).

507 — Gros tournois à la légende KAROLVS. H. 5; à la légende KHAROLVS. H. 6 var.
Maille blanche. H. 7, H. 9 et variété; Double Parisis. H. 10 3 variétés). Ens.
8 p. B et TB.

Philippe VI de Valois (1328 à 1350).

508 — PHS.REX.FRACOR. Le Roi debout sous un dais gothique. R XPC. VINCIT... etc...
Croix feuillue dans une rosace cantonné de 4 couronnelles. H. 1. Royal d'or.
TB.   (*Pl. X*).

509 — PHILIPPVS. DEI. GRA. FRANCORVM. REX. Le Roi assis sous un dais gothique,
les pieds sur deux lions. R XPC. VINCIT... etc... Croix feuillue, cantonnée de 4
fleurs de lis dans une rosace. H. 2. Parisis d'or. B.   (*Pl. X*).

510 — PHILIPPVS. DEI. GRA. FRANCORVM. REX. Le Roi assis tenant une épée et un écu fleurdelisé. ℞ XPC. VINCIT... etc... Croix feuillue dans une rosace cantonnée de 4 trèfles. H. 3. Royal d'or. TB.   (Pl. X).

511 — PH. DEI. GRA. FRANC. REX. Le Roi assis tenant deux sceptres, les pieds sur un lion couché. ℞ XPC. VINCIT... etc... Croix feuillue dans une rosace cantonnée de 4 couronnelles. H. 5. Lion d'or. B.   (Pl. X).

512 — PHILIPPVS.DEI.GRA.FRANCHORVM.REX. Le Roi assis sous un pavillon fleurdelisé. ℞ XPC. VINCIT... Croix évidée, feuillue, dans une rosace cantonnée de 4 couronnelles. H. 8. Pavillon d'or. TB.   (Pl. X).

513 — PH. DEI. GRA. FRANC. REX. Le Roi assis sous un dais gothique, tenant deux sceptres. ℞ XPC. VINCIT... etc... Croix feuillue cantonnée de 4 couronnelles dans une rosace ornée de feuilles. H. 11. Double royal d'or. B.   (Pl. X).

514 — PHILIPPVS.D.GRA.FRANC.REX. Sous un dais gothique, un ange couronné debout sur un dragon et tenant une croix et un écu fleurdelisé, le tout dans une rosace. ℞ XPC. VINCIT... Croix feuillue dans une rosace fleurdelisée, cantonnée de 4 couronnes. H. 12. Ange d'or. B.   (Pl. X).

515 — PHILIPPVS.DEI.GGACIA.FRANCORVM.REX. Le Roi assis sur un siège gothique tenant le sceptre et la main de justice. ℞ XPC. VINCIT... etc... Croix évidée, feuillue, dans une rosace cantonnée de 4 couronnelles. H. 14. Chaise d'or. B.   (Pl. X).

516 — Maille blanche. H. 21. Gros à la queue. H. 22. Gros à la couronne, 2 variétés H. 25. Gros à la fleur de lis. H. 29. Ens. 5 p. B.

517 — Double Parisis H. 31. H. 38, H. 39. H. 40 et variétés. H. 42. Maille H. 47. Tournois noir. H. 52. Maille poitevine. H. 54. Double tournois. H. 58. 2 variétés. Ens. 12 p.

518 — PHILIPPVS.D.G.REX. autour des lettres FRAN séparées par deux fleurs de lis. ℞ MONETA.DUPLEX. Croix fleurdelisée à long pied coupant la légende. H. 35. Piéfort billon du double Parisis. B.   (Pl. X).

Jean le Bon   1350 à 1364.

519 — IOHANNES.DEI.GRA.FRANCORVM.REX. Le Roi assis sur un trône gothique, tenant l'écu fleurdelisé. ℞ XPC. VINCIT... etc... Croix feuillue dans une rosace. H. 1. Ecu d'or. B.   (Pl. X).

520 — AGN. DEI. QVI. TOLL... etc... Agneau Pascal dans une rosace. Dessous, IOH. REX. ℞ XPC. VINCIT... Croix feuillue, cantonnée de 4 fleurs de lis dans une rosace. H. 3. Mouton d'or. TB.   (Pl. X).

521 — IOHES.DEI.GRA. FRANCORV. Le Roi debout sous un dais. ℞ XPC. VINCIT... Croix feuillue. évidée, cantonnée de 4 fleurs de lis dans une rosace. H. 8. Royal d'or. B.   (Pl. X).

522 — IOHANNES.DEI.GRACIA.FRANCORV.REX. Le Roi à cheval galopant à g., l'épée haute. ℞ XPC. VINCIT... Croix feuillue dans une rosace. cantonnée de 4 trèfles. H. 10. Franc à cheval en or. TB.

523 — Un second exemplaire d'un autre coin. TB.   (Pl. X).

524 — S.IOHANNES.B. St-Jean nimbé debout. ℞ FRANTIA. Grande fleur de lis florencée. H. 11. Florin d'or. TB.   (Pl. X).

525 — Gros tournois au châtel. H. 15. Gros tournois à la couronne. H. 16. Maille tierce. H. 18. Gros tournois à la queue. H. 19. Gros blanc à la couronne. H. 25. var. H. 28. Ens. 6 p. B.

526 — Gros blanc à la fleur de lis (2 variétés). H. 31. Gros denier blanc. H. 32. Gros blanc. 2 variétés. H. 33. Gros blanc. dit Poillevillain. H. 35. Gros blanc aux 2 fleurs de lis. H. 37. Gros blanc à la fleur de lis. H. 39. Gros blanc. dit patte d'oie. H. 19. Ens. 9 pièces. quelques unes B.

527 — IOHES.DEI.GRA. Croix coupant la légende, cantonnée de 4 couronnelles. ℞ FRANCORVM REX. autour de 7 fleurs de lis. H. 46. Gros blanc aux fleurs de lis. B.

528 — Piéfort du double parisis. REX. sous une couronne. ℞ MONETA.DVPLEX. autour d'une croix évidée. H. 54. Billon.

529 — Double Parisis. H. 55. H. 56. Petit Parisis. H. 60. Double tournois. H. 63. H. 64. Petit tournois. H. 71. Ens. 6 pièces.

Charles V Dauphin

530 — KROL.DPHS.V. Grande fleur de lis. ℞ S.IOHANNES. St-Jean debout. Poey d'Avant. 4894. Florin d'or. TB.   (Pl. X).

531 — KROLVS.PG.F.REG. Croix. ℞ DAPh. VIENES. Châtel. Poey d'Avant 4895. Gros. du Dauphiné. TB.   Pl. XI).

Charles V
Roi (1364 à 1380).

532 — KAROLVS.DI.GR.FRANCORV.REX. Le Roi debout sous un dais gothique. ℞ XPC. VINCIT... etc... Croix feuillue. cantonnée de deux fleurs de lis et de deux couronnelles. le tout dans une rosace. H. 2. Franc à pied en or. TB.

533 — Un second exemplaire varié. TB.   *Pl. XI.*

534 — KAROLVS.DEI.GRACIA.FRANCORV.REX. Le Roi armé de toutes pièces galopant à
g. R XPC. VINCIT...etc... Croix feuillue dans une rosace fleuronnée et cantonnée
de 4 trèfles. H. 4. var. Franc à cheval en or. TB.   *Pl. XI.*

535 — Gros tournois. H. 6. TB.   *Pl. XI.*

536 — Blanc aux fleurs de lis. 3 variétés. H. 7. Gros delphinal. H. 13, H. 14.
Petit dauphin. H. 15. var. H. 16. Denier dentille. H. 17 et petit dauphin au
titre de dauphin de Viennois. Puy d'Avant 4900. Ens. 9 p., quelques unes B.

Charles VI (1380 à 1422).

537 — KAROLVS.DEI.GRACIA.FRANCORVM.REX. Ecu de France couronné. R XPC. VINCIT.
etc... Croix évidée, fleurdelisée, dans une rosace fleurdelisée, cantonnée de 4
couronnelles. P. 1. Ecu d'or. TB.

538 — Un deuxième exemplaire. TB.

539 — Un troisième exemplaire. TB.

540 — Un exemplaire avec point secret sous la 2e lettre. Ecu d'or frappé à
Romans. TB.

541 — Un exemplaire avec point secret sous la 4e lettre. Ecu d'or frappé à *Montpellier*. TB.

542 — Un exemplaire avec point secret sous la 9e lettre. Ecu d'or frappé à *La
Rochelle*. TB.

543 — Un exemplaire avec point secret sous la 16e lettre. Ecu d'or frappé à
Tournay. TB.

544 — Un exemplaire avec point secret sous la 17e lettre. Ecu d'or frappé à *Saint-
Quentin*. TB.   *Pl. XI.*

545 — Un exemplaire avec point secret sous la 18e lettre. Ecu d'or frappé à *Paris*.
TB.

546 — Un exemplaire avec point secret sous la 20e lettre. Ecu d'or frappé à *Saint-
André de Villeneuve-lès-Avignon*. TB.

547 — Une variété avec croisette perforée au début des légendes. Ecu d'or. TB.

548 — AGN.DEI.QVI... etc... Agneau pascal dans une rosace. Dessous. K.L.RX.
R XPC. VINCIT... etc... Croix feuillue, cantonnée de 3 fleurs de lis et une
croisette dans une rosace. H. 4. Agnel d'or. B.   *Pl. XI.*

549 — Gros tournois. H. 11. H. 14. Gros aux fleurs de lis. H. 15. Ens. 3 p. B et TB.

550 — KAROLVS... Trois fleurs de lis sous la couronne royale. R SIT.NOME.DNI...
Croix fleurdelisée cantonnée de deux couronnelles. H. 17 var. Florette de
Pont St-Esprit. Ens. 4 variétés. *(Pl. XI)*.

551 — 16 variétés d'ateliers divers. B et TB.

552 — Blanc dit Guénar à l'écu de France. H. 22. 8 variétés d'ateliers divers.
B et TB.

553 — Demi guénar. H. 26. 5 variétés d'ateliers divers. B.

554 — Double tournois. H. 31 (2 variétés). Double tournois dit Niquet. H. 34
(3 variétés). Denier tournois. H. 36 et variété. H. 38, H. 39. Petit parisis. H. 40.
Ens. 10 p. billon et cuivre.

555 — Denier dentelé. H. 47. Patard du Dauphiné. H. 48. Pattachina de Gênes.
H. 53 (2 variétés). Petit denier de Savone. H. 59. En plus, denier et obole de
Louis, fils aîné de France, Dauphin de Viennois. Ens. 7 p. arg. et billon.

Henri V, Roi de France et d'Angleterre (1415 à 1422).

556 — HENRICVS.FRANCORV.REX. Trois fleurs de lis sous la couronne royale. R SIT.
NOME.DNI... Croix fleurdelisée cantonnée d'un léopard et d'une couronnelle.
H. 5. Florette et variété; les 3 fleurs de lis entre 2 léopards. H. 7. Florette.
Ens. 2 p. B.

557 — Une variété. H. 7; une autre. H. 8. Double tournois. H. 11 (3 variétés).
Ens. 5 p. billon.

Henri VI, Roi de France et d'Angleterre (1422 à 1453).

558 — HENRICVS.DEI.GRA.FRANCORV.Z.AGLIE.REX. Ecus accostés France et France-
Angleterre, placés sous l'Ange Gabriel et la Sainte Vierge (L'Annonciation).
R XPC. VINCIT... Croix cantonnée d'un lis et d'un léopard en un polylobe fleur-
delisé. H. 3 var. Salut d'or frappé à *Paris*. TB.

559 — Variété frappée à *Rouen*. TB.

560 — Une autre variété frappée à *Rouen*. TB. *Pl. XI*.

561 — Variété frappée à *St-Lô*. TB.

562 — Une autre variété frappée à *St-Lô*. TB.

563 — Une variété frappée à *Amiens*. B.

564 — HENRICVS.FRANCORV.ET.ANGLIE.REX. Ange tenant les deux écus de France et France-Angleterre. ℞ XPC. VINCIT... etc. Croix entre une fleur de lis et un léopard. H. 1. Angelot d'or frappé à *Paris*. B. *(Pl. XI)*.

565 — Blanc aux écus. H. 6. 5 variétés d'ateliers différents. B et TB.

566 — Petit blanc aux écus. H. 7. *Rouen* et *Paris*. Petit parisis noir. H. 11, H. 12. Petit tournois. H. 13. Maille tournois. H. 15. Ens. 7 p. billon et cuivre.

567 — **Charles Fils Ainé de France**. Dauphin de Viennois (1417 à 1422). Blanc du Dauphiné, Poey d'Avant nº 4948. B.

Charles VII (1422 à 1461).

568 — AGN.DEI.QVI... L'Agneau Pascal. Dessous. K.F.RX. ℞ XPC. VINCIT... Croix cantonnée de 4 fleurs de lis dans une couronne. H. 1. Agnel d'or. TB. *(Pl. XI)*.

569 — Croisette. KAROLVS.DEI.GRACIA.FRANCORVM.REX. Ecu de France couronné entre 2 lis couronnés. ℞ XPC. VINCIT... Croix feuillue en une rosace. H. 2. Ecu d'or frappé à *Crémieu*. B.

570 — Variété frappée à *Montélimar*. TB.

571 — Variété : Couronnelle en place de croisette avant les légendes. H. 6. Ecu d'or à la couronne. TB.

572 — Ecu d'or à la couronne. H. 6 frappé à *Bourges*. TB.

573 — Variété frappée à *Montpellier*. TB. *(Pl. XI)*.

574 — — *Toulouse*. TB.

575 — — *Tours*. TB.

576 — — *Rouen*. TB.

577 — — *Tournai*. TB.

578 — — *Paris*. TB.

579 — Ecu d'or aux mêmes types avec navire et non couronne au début des légendes, frappé à *Bordeaux*. B.

580 — KAROLVS... Ecu de France couronné. ℞ XPS. VINCIT... Croix feuillue. H. 8. Demi écu d'or à la couronne frappé à *Tours*. B. *(Pl. XI)*.

581 — Une variété frappée à *Rouen* ou *Paris*. B.

582 — KAROLVS.DEI.GR.FRANCORV.RX. Le Roi debout en son manteau fleurdelisé sur champ semé de fleurs de lis. ℞ XPC. VINCIT. XPC... Croix feuillue en une rosace cantonnée de 4 couronnes. H. 9. Royal d'or frappé à *Orléans*. TB.

583 — Variété frappée à *Montélimar*. TB.   (*Pl. XI*).

584 —   —   *Tours*. TB.

585 —   —   *Angers*. TB.

586 — Variété : le manteau du Roi est vairé et fleurdelisé. H. 10. Royal d'or frappé à *Romans*. TB.

587 — Variété a ce dernier type frappé à *St Pourçain*. B.

588 — Grand Blanc dentillé. H. 15. Petit blanc au K. H. 19. Gros du Roi dit de Jacques Cœur. H. 21. H. 22. Ens. 4 p.   (*Pl. XI*).

589 — Blanc de 5 deniers tournois. H. 29 et variété. Grand Blanc à la couronnelle. H. 31. Grand Blanc aux lis. 2 variétés. H. 33. Ens. 5 p., quelques unes B.

590 — Gros dit florette. 2 variétés. H. 35. Gros blanc. 2 variétés. H. 36. Petit blanc à la couronnelle. 2 variétés. H. 38. Ens. 6 p. B.

591 — Gros Blanc aux 3 lis. H. 39. 2 variétés. Petit Blanc. H. 43. H. 44. Ens. 4 pièces. B.

592 — Double tournois aux 3 lis. H. 46 et variétés. Denier tournois. H. 59. Double tournois. H. 61 et variété. Denier tournois. H. 62 et **variété**. Maille tournois. H. 65 et variété. Patard du Dauphiné. H. 71 et billon de Charles VII. dauphin de Viennois. Ens. 13 p. billon et cuivre.

593 — ....REX.FRANCOR.D.IANVE. Portail Génois dans une rosace fleurdelisée. ℞ CONRADVX.REX.ROMANOR.A. Croix dans une rosace fleurdelisée. H. 72. Ducat d'or de *Gênes* dit Génovino d'or. TB.   (*Pl. XI*).

594 — IHS.C.REX.FRA.COR.D.IAN. Portail Génois entre 2 fleurs de lis. ℞ CONRAD. REX.RO.P. Croix. H. 74. Gros de *Gênes*.

Louis Fils aîné de France, Dauphin de Viennois
(1440 à 1456).

595 — LVDOVICVS.DALPHS.VIENENSIS. Ecu écartelé France Dauphiné. ℞ XPC. VINCIT. XPC...Croix feuillue, cantonnée de 2 lis et 2 dauphins. Pœy d'Avant n° 4974 var. Ecu d'or. TB.   (*Pl. XI*).

596 — Variété de légende à l'avers : LVDOVICVS.DALPHINVS... Pœy d'Avant n° 4976. Ecu d'or. TB.   (*Pl. XI*).

597 — Billon Blanc à l'écu France Dauphiné. Pœy d'Avant 4985. B.

Louis XI (1461 à 1483).

598 — LVDOVICVS.DEI.GRA.FRANCORVM.REX. Ecu royal de France sous un soleil rayonnant. ℞ XPS.VINCIT.XPS... Croix fleurdelisée. H. 1. Ecu d'or au soleil frappé à *Toulouse*.

599 — Variété frappée à *Limoges*. TB.

600 — — *Tournay*. B.

601 — — *St-Lô*. TB.   (*Pl. XI*).

602 — — *Lyon*. B.

603 — Demi écu d'or aux mêmes types variés. H. 2.

604 — LVDOVICVS... Ecu royal de France entre 2 lis couronnés. ℞ XPC.VINCIT.XPC... Croix feuillue, cantonnée de 4 couronnelles en un quadrilobe. Ecu d'or à la couronne frappé à *Bourges*. TB.

605 — Variété frappée à *Toulouse*. TB.   (*Pl. XII*).

606 — — *La Rochelle*. B.

607 — — *Rouen*. TB.

608 — LVDOVICVS... Ecu de France couronné. ℞ XPC. VINCIT... Croix feuillue. H. 5, var. Demi écu d'or de *Bordeaux*. B.   (*Pl. XII*).

609 — Ecu d'or à la couronne portant un P sur la croix du revers, frappé à *Perpignan*. H. 6. TB.   (*Pl. XII*).

610 — Gros du Roi. H. 12. 3 variétés. B et TB.   (*Pl. XII*).

610 *bis* — Gros du Roi de *Perpignan*. H. 13. B.

611 — Grand blanc à la couronne. H. 15. Blancs au soleil d'ateliers variés. H. 19. Petit blanc au soleil. H. 21. Grand blanc au soleil de *Perpignan*. H. 22. Ens. 9 p. B et TB.

612 — Grand blanc au soleil du Dauphiné. H. 24. Double tournois. H. 29. Denier tournois. H. 33. Hardi. H. 34. Liard au dauphin. H. 36 et variété. Maille tournois. H. 39 et variété. Trois deniers de Savone. H. 42. Ens. 9 p.

Charles VIII (1483 à 1497).

613 — KAROLVS.DEI.GRACIA.FRANCORVM.REX. Écu de France couronné sous un soleil rayonnant. ⚜ XPS. VINCIT. XPS... Croix fleurdelisée. H. 2. Écu d'or frappé à *Bourges*. TB.

614 — Variété frappée à *Bordeaux*. TB.

615 —   —   *Bayonne*. B.

616 —   —   *Tours*. TB.   (*Pl. XII*).

617 —   —   *Angers*. TB.

618 —   —   *Poitiers*. B.

619 —   —   *Lyon*. TB.

620 —   —   *Rouen*. TB.

621 —   —   *Paris*. TB.

622 —   —   *Paris*. TB.

623 —   —   *St-Lô*. TB.

624 —   —   *Chalons-s-Marne*. TB.

625 — Demi écu d'or aux mêmes types. H. 5. B.   (*Pl. XII*).

626 — KAROLVS.DEI.GRA.FRANCORVM.REX.B. Écu de France accosté de deux hermines couronnées. ⚜ XPS...etc... Croix fleurdelisée cantonnée de 4 hermines couronnées. H. 7. Écu d'or de Bretagne. *Rennes*. TB.   (*Pl. XII*).

627 — Variété frappée à *Nantes*. B.

628 — Écu d'or au soleil du Dauphiné. KAROLVS.FRANCORVM.REX. Champ écartelé de France Dauphiné. ⚜ SIT. NOMEN... etc... Croix fleurdelisée. H. 8. B.   (*Pl. XII*).

629 — Douzain. 6 variétés d'ateliers. H. 11. Douzain de Bretagne. 2 variétés. H. 13. Var. H. 14. Petit blanc au soleil. H. 18. Ens. 10 p. billon. la plupart B.

630 — Carolus. 2 variétés d'ateliers. H. 19. Demi carolus. H. 21, 2 variétés. Carolus du Dauphiné. H. 22. Carolus de Bretagne. H. 23. Ens. 6 p. billon. B et TB.

631 — Douzain du Dauphiné. H. 24. Double tournois. H. 28. H. 29 et variété H. 30 et variété. Parisis. H. 35. Hardi de Bretagne. H. 37. Liard de Bretagne. H. 39. Liard au dauphin. H. 40 et variété H. 41. Ens. 15 p. billon et Cu.

632 — KAROLVS.REX.PISANORVM.LIB. Ecu de France accosté de K. L. ⁂ PROTEGE.
VIRGO.PISAS. La Vierge à l'enfant. H. 48. Gros de Pise : pièce trouée arg. B.
(Pl. XII).

633 — Cavallo d'*Aquila*. H. 63, 64, 66 et variété. Cavallo de *Sulmona*. H. 68 var.
H. 69, H. 70. Ens. 7 p. cuivre. B.

634 — Cavallo de *Chieti*. H. 74, 77, 78 et variété. Cavallo de *Sora*. H. 82, 83. Ens.
6 p. cuivre. B.

Louis XII (1498 à 1515).

635 — LVDOVICVS.DEI.GRACIA.FRANCORVM.REX. Ecu royal de France. ⁂ XPS. VINCIT...
H. 1. Ecu d'or frappé à *Bayonne*. TB. *(Pl. XII).*

636 — Variété frappée à *Bourges*. B.

637 —　　　　　—　　　　　*Toulouse*. TB.

638 —　　　　　—　　　　　*Poitiers*. TB.

639 —　　　　　—　　　　　*Poitiers*. TB.

640 —　　　　　—　　　　　*Lyon*. TB.

641 —　　　　　—　　　　　*Paris*. TB.

642　　　　　—　　　　　*St-André de Villeneuve-lès-Avignon*. B.

643 — Variété portant un annelet sous les 9e, 18e et 25e lettre à l'avers. B.

644 — LVDOVICVS XII. D.G.F.REX.PVIE.COMS.A. Ecu de France. ⁂ XPS...etc... Croix
fleurdelisée. H. 3. variété. Ecu d'or de Provence. TB.

645 — Une variété à légende correcte : COMES. B.

646 — LVDOVICVS.D.G.FRANCOR.REX.BRITONV.DVX. Ecu de France accosté de deux
hermines couronnées. ⁂ DEVS IN.ADIVTORIVM.MEVM.INTENDE.N. Croix fleurdelisée
cantonnée de 4 hermines couronnées. H. 4. Ecu d'or de Bretagne frappé à
Nantes. TB. *(Pl. XII).*

647 — Ecu d'or au porc-épic. LVDOVICVS.DEI.GRACIA.FRANCORV.REX. Ecu de France
accosté de deux porcs-épics. ⁂ XPS. VINCIT... Croix cantonnée de deux L. et de
deux porcs-épics. H. 6. B.

648 — Un exemplaire varié frappé à *Bayonne*. TB.

649 — Un exemplaire varié frappé à *La Rochelle*. TB.

650 — Une variété frappée à *Lyon*. TB. (*Pl. XII*).

651 — — *Amiens*. TB.

652 — Ecu d'or au porc-épic de Bretagne. LVDOVICVS.D.G.FRANCOR.REX.BRITONV.
DVX. Ecu de France accosté de deux hermines couronnées. Dessous, un porc-
épic. ℞ DEVS.IN.ADIVTORIVM...etc... Croix fleurdelisée cantonnée de 4 hermines
couronnées. H. 9. *Nantes*. B. (*Pl. XII*).

653 — Ecu d'or au porc-épic du Dauphiné. LVDOVICVS.DEI.GRACIA.FRANCORVM.REX.
Ecu écartelé de France Dauphiné accosté de deux porcs-épics. ℞ XPS...etc...
Croix tréflée, cantonnée de deux L et de deux dauphins. H. 11. B. fortement
ébréché.

654 — Ecu d'or au Soleil du Dauphiné. LVDOVICVS.DEI.GRACIA.FRANCORVM.REX.
Champ écartelé de France Dauphiné. ℞ XPS. VINCIT...etc... Croix fleurdelisée.
Manque à Hoffmann. B.

655 — Une variété. TB. (*Pl. XII*).

656 — LVDOVICVS.DEI.GRA...etc... Buste du Roi à dr. ℞ XPS. VINCIT. Ecu de France
dans une rosace. H. 17. Teston de *Lyon*. B. (*Pl. XII*).

657 — Demi gros du Roi. *Lyon*. H. 25. Douzain. 3 variétés. H. 26. Sizain à la
couronne. H. 27. Douzain de *Bretagne*. H. 28. Ens. 6 p., quelques unes B.

658 — Douzain de *Provence*. H. 29. H. 30 et variété. H. 31. Ens. 4 pièces ateliers
divers.

659 — Douzain du *Dauphiné*. 2 variétés. H. 32. Douzain au porc-épic. H. 33.
Douzain au porc-épic de *Bretagne*. H. 36. Var. H. 37. Double tournois. H. 41.
Ens. 5 p., quelques unes B. (*Pl. XII*).

660 — Dizain à l'L. couronnée. H. 39. 2 variétés. B et TB.

661 — Dizain à l'L. couronnée pour le Dauphiné. Variété de H. 40, à la croix du
℞ cantonnée de 2 L. d'un lis et d'un dauphin. (*Pl. XII*).
(Voir Revue Numismatique 1906, procès-verbaux page XLI et 1911 page 246
par M. le Dr Bailhache).

662 *bis* — Double tournois du *Dauphiné*. H. 42. 2 variétés pour la *Provence*. H. 44.
Denier tournois. H. 45. Hardi. 3 variétés. H. 49 dont une pour la *Provence* et
imitation de douzain. Ens. 8 p. billon et cuivre.

662 — LVDOVICVS.FRANCORVM... Trois fleurs de lis. ℞ SIT. NOMEN... Croix cantonnée de 2 L et 2 lis. Double tournois à la tarasque de *Tarascon* ; manque à à Hoffmann. TB.   *Pl. XII.*
(Manuel de Numismatique Française par MM. Blanchet et Dieudonné. Tome II, page 120, fig. 230).

663 — Cavallo d'*Asti*. LV.D.G.FRAN.REX.MEL.D.AC.AST.DNS. Ecu de France. ℞ SANT. SECOND.ASTENSIS. St-Second à cheval à dr. H. 57. **arg**.   *Pl. XIII.*

664 — Parpaiolle d'*Asti*. LVDOVIC.D.G.REX.FRAN.SICIL.IRL. Ecu de France à quatre quartiers. ℞ MEL.DVX.ASTENSIS... Croix cantonnée de quatre fleurs de lis. H. 69. B.

665 — Carlin de *Naples*. LVD.FRAN.REGNIQ.NEAP.R. Le Roi assis ; à ses pieds deux lions. ℞ EXVLTENT.ETIME. Croix recroisetée et fleurdelisée. H. 77. B.   *Pl. XIII.*

666 — Sestino d'*Aquila*. 2 variétés. H. 78. Cuivre. B et TB.

667 — LVDOVICVS.D.G.FRANCOR.REX. Buste du Roi avec le chaperon fleurdelisé à dr. ℞ MEDIOLANI.DVX. St-Ambroise à cheval ; dessous, l'écu de France. H. 87. Teston de *Milan*. B.   *Pl. XIII.*

668 — Gros de *Milan*. LVDOVICVS...etc... Ecu de France accosté de deux fleurs de lis. ℞ MEDIOLANI.DVX.ET.C. St-Ambroise assis. H. 92. B.   *Pl. XIII.*

669 — Bisonne : Guivre couronnée entre 2 fleurs de lis. H. 93. Variété. H. 94 à l'écu de France entre 2 guivres couronnées. Demi parpaiolle. H. 95. H. 98. Patard. 2 variétés. H. 100 et demi patard. H. 102. Ens. 7 pièces pour *Milan*. B et TB.

670   Teston de *Gênes*. LV...FRANC.EL.Z.IAN.D. Portail génois dans une rosace. ℞ CONRAD. Croix dans une rosace. H. 107.

671 — Imitation italienne du Dizain à L couronnée par Ercole Radicati Comte de Cocconato Passerano. ℞ Croix fleuronnée cantonnée de deux L et de deux fleurs de lis. Billon. TB.   *Pl. XIII.*

François Ier 1515 à 1547.

672 — Ecu d'or au Soleil. FRANCISCVS.DEI.GRACIA.FRANCORV.REX. Ecu de France. ℞ XPS.VINCIT...etc... Croix fleurdelisée. H. 1. *Paris*. TB.   *Pl. XIII.*

673 — Variété : la croix du ℞ cantonnée de deux F couronnées. H. 2. *Lyon*. B.   *Pl. XIII.*

674 — Un exemplaire. H. 2. *Paris*. TB.

675 — Un autre. H. 2. *Bayonne*. B.

676 — Ecu d'or au Soleil. FRANCISCVS.DEI.GRACIA.FRANCORV.REX. Ecu de France. ℞ XPS. VINCIT...etc... Croix fleurdelisée cantonnée de deux F et de deux fleurs de lis. *Lyon*. H. 4. TB.   *(Pl. XIII)*.

677 — Un exemplaire varié. *Rouen*. TB.

678 —   —   *Bayonne*. par Menaut de Mondaco. TB.

679 —   —   *Toulouse*, par Hugues Lamyer. TB.

680 — Une variété. *Dijon*. par Jacques Bergeron. TB.

681 — Demi écu d'or aux mêmes types. H. 5. B.   *(Pl. XIII)*.

682 — Ecu d'or à la croisette. FRANCISCVS.DEI.GRA.FRANCORVM.REX. Ecu de France. ℞ XPS. VINCIT...etc... Croix dans une rosace, frappé à *Montpellier*. H. 12. TB.
                                                        (Pl. XIII).

683 — Un exemplaire varié. *Bayonne*. TB.

684 — Ecu d'or du Dauphiné. FRANCISCVS.DEI.GRA.FRACOR.REX. Champ écartelé de France Dauphiné. ℞ XPS. VINCIT...etc... Croix fleurdelisée. *Romans*. H. 19. TB.
                                                        (Pl. XIII).

685 — Un exemplaire varié. *Crémieu*. B.

686 — Variété : la croix du ℞ cantonnée de deux F couronnées. H. 20. TB.
                                                        (Pl. XIII).

687 — Une variété à ce dernier type. B.

688 — Variété : la croix du ℞ cantonnée d'un dauphin et d'une lettre F couronnée. H. 22. B.   *(Pl. XIII)*.

689 — Ecu d'or de Bretagne. FRANCISCVS.D.G.FRANCOR.REX.BRITANIE.DVX. Ecu de France accosté de deux hermines couronnées. ℞ DEVS...etc... Croix fleurdelisée cantonnée d'une hermine et d'une lettre F couronnées. *Rennes*. H. 25.

690 — Un exemplaire varié. *Nantes*. TB.   *(Pl. XIII)*.

691 — Ecu d'or à la Salamandre. FRANCISCVS.D.G.FRANCORVM.REX. Ecu de France accosté de deux salamandres. ℞ XPS. VINCIT...etc... Croix fleurdelisée cantonnée de deux F et de deux salamandres. H. 27. *La Rochelle*. TB.   *(Pl. XIII)*.

692 — FRANCISCVS...etc... Buste couronné à dr. ℞ NO.NOBIS. Ecu de France accosté de deux F couronnées. Teston de *Lyon*. H. 42. B.   *(Pl. XIII)*.

693 — Teston du Dauphiné. FRANCISCVS...etc... Buste couronné à dr. ℟ NO.NOBIS... Champ écartelé France Dauphiné. *Crémieu*. H. 52. TB. *(Pl. XIII)*.

694 — Variété : ℟ SIT.NOMEN... Teston du Dauphiné. *Romans*. H. 55. TB.

695 — FRANCISCVS.REX.FRCOR.DALPH. Buste couronné à dr. ℟ SIT.NOMEN. Ecu France Dauphiné. Teston du Dauphiné frappé à *Grenoble* par Etienne Nachon. H. 56. TB. *(Pl. XIV)*.

696 — Une variété, mêmes types. Légende : FRANCISCVS. TB.

697 — FRANCISCVS.DEI... Buste à dr. ℟ SIT.NO... Champ écartelé France Dauphiné. Demi teston du Dauphiné. H. 57 variété. B.

698 — FRANCISCVS.I.D.G... Buste à dr. ℟ XPS. VINCIT... Ecu royal de France en une rosace. Teston de *Rouen*. H. 59. TB. *(Pl. XIV)*.

699 — Demi teston de *Paris* aux mêmes types variés. H. 62. B.

700 — Buste barbu à dr. avec couronne radiée et fleurdelisée. ℟ NO.NOBIS... Ecu de France en une rosace. Teston de *Lyon*. H. 81. B. *(Pl. XIV)*.

701 — Une autre variété à ce type. B.

702 — Autre buste barbu et couronné à dr. ℟ XPS.VINCIT... Ecu de France entre deux F. Teston de *Rouen*. H. 87. B.

703 — Variété de ce teston de *Rouen*. H. 88. TB. *(Pl. XIV)*.

704 — Douzain. H. 92 : 4 variétés d'atelier. Une variété au revers. XPS... *Turin* et Douzain de Bretagne. H. 97 : 2 variétés. Ens. 7 p. billon. B et TB.

705 — Douzains du Dauphiné. H. 98. H. 99. H. 100 et variétés. Ens. 6 p. billon. B et TB.

706 — Dizains dits Franciscus. H. 101. 5 variétés d'ateliers. B.

707 — Douzains à la Salamandre. H. 104. H. 105. Variétés. Ens. 3 p. billon. B.

708 — Douzains à la croisette. H. 108 et variétés. Douzains du Dauphiné. H. 109. Ens. 9 p. billon. Variétés d'atelier. B et TB.

709 — Double tournois. H. 110. 2 variétés du Dauphiné. H. 111. Denier tournois. 2 variétés. H. 112. Patard de Provence. H. 113 var. Double tournois du Dauphiné. H. 114 et variété. Denier tournois. H. 115. Denier tournois du Dauphiné. H. 123. Liards au dauphin. 2 variétés. H. 124. Liards à FF. 2 variétés. H. 125. Denier bourdelois, 2 variétés. H. 130. Ens. 16 p. billon et cuivre, quelques unes B.

710 — Ecu d'or de *Milan*. FRANCISCVS.D.G.FRANCOR.REX.DVX.M. Ecu de France. ℞ XPS. VINCIT...etc... Croix fleurdelisée. H. 132. Exemplaire fendu. B.

711 — Patacchina de *Milan*. H. 138. 2 variétés. Cu. B.

712 — Teston de *Milan*. FR.D.G.FRANCOR.R. St-Ambroise assis. ℞ MEDIOLANI.DVX. ET.C. Ecu écartelé de France-Milanais. H. 135. B. (*Pl. XIV*).

713 — Demi-teston de *Gênes*. FRANCISCVS.DEI.G.FRAN.REX. Portail génois. ℞ CORADVS.REX.ROMANOR.PA. Croix. H. 153 var. B. (*Pl. XIV*).

714 — Une variété.

715 — Quart de teston de *Gênes* aux mêmes types variés. H. 154.

Henri II (1547 à 1559).

716 — Double Henri d'or. HENRICVS.II.D.G.FRAN.REX. Buste cuirassé, tête nue, à dr. ℞ DVM.TOTVM.COMPLEAT.ORBEM. 1558. Croix formée de 4 H couronnées, cantonnée de deux lis et de deux croissants. H. 23 variété. *Rouen*. TB. (*Pl. XIV*).

717 — Henri d'or aux mêmes types variés. *Montpellier*. H. 24 var. B.

718 — Double Henri d'or aux mêmes types variés. H. 26 variété. *St-Lô*. 1552. TB. (*Pl. XIV*).

719 — Henri d'or aux mêmes types variés. H. 27 var. *Riom*. 1551. B. (*Pl. XIV*).

720 — Double Henri d'or aux mêmes types variés. Légende : HERCVS. II... et 4 lis au ℞. H. 28 variété. *La Rochelle*. 1558. TB. (*Pl. XIV*).

721 — Henri d'or de *Bayonne*. HENRICVS.II.D.G.FRANCOR.REX. Buste lauré et cuirassé à dr. ℞ DVM.TOTVM...etc... Croix formée de 4 H couronnées, cantonnée de 4 lis. H. 29. TB. (*Pl. XIV*).

722 — Teston au buste couronné du Roi à dr. *Bayonne*. 1555. H. 32 var. TB. (*Pl. XIV*).

723 — Demi teston, même type varié. *Bayonne*. 1553. H. 34. B.

724 — Teston au buste cuirassé, tête nue. *Bayonne*. 1558. H. 35 var. et demi teston. *Lyon*. 1573. H. 37 var. Ens. 2 p. B.

725 — HENRICVS. II... Tête laurée à dr. ℞ CHRS. VINCIT... Ecu de France. Teston frappé au moulin de *Paris*. 1553. H. 40. TB. (*Pl. XIV*).

726 — Variété sans date. Teston frappé au moulin de Paris. H. 52. TB. (*Pl. XIV*).

727 — Variété au buste cuirassé et lauré à dr. Teston frappé au moulin de *Paris* 1555. H. 57. TB.   (*Pl. XIV*).

728 — Demi teston de 1554 frappé au moulin de *Paris* aux mêmes types. H. 58. TB.   (*Pl. XIV*).

729 — Teston de *Lyon* 1554 au buste cuirassé, tête nue, à dr. ℞ xps... Ecu de France entre 2 H couronnées. H. 59. Coin de Antoine Delnau. TB.   (*Pl. XIV*).

730 — Teston de *Lyon* 1550 contremarqué d'un Y couronné. H. 59 et une variété fausse du temps. Demi teston du Dauphiné. *Grenoble*. 1558 troué. H. 61. Ens. 3 p.

731 — Teston et demi teston de *Bordeaux* au buste cuirassé à dr. 1559. H. 62 et H. 63. Ens. 2 p. B et TB.

732 — Demi teston *Lyon* 1560. H. 63 var. Teston et demi teston de *Toulouse* au buste court. H. 65, H. 66. Ens. 3 p. B et TB.   (*Pl. XIV et XV*).

733 — Gros de Nesle. *Paris*. H. 70. Demi gros de Nesle. *Paris*. H. 72. Douzains aux croissants. 9 variétés d'ateliers. H. 74. Ens. 11 variétés billon. B et TB.

734 — Douzains aux croissants du Dauphiné. 3 variétés. H. 79 et variété. Douzain aux H. H. 80. Ens. 4 p. billon. B et TB.

735 — Liard à l'F. H. 82. Double tournois. H. 84. Liard à l'H. H. 85. Denier tournois. H. 86. Ateliers divers. Ens. 4 p.

736 — Deniers pour épouser. 3 variétés arg. à double face. B et TB.   (*Pl. XV*).

737 — Deniers pour épouser. 3 variétés arg. uniface. B et TB.

738 — **François II Dauphin et Marie-Stuart**. Gros d'argent. FRAN.ET.MA.DEI. GR.R.SCOTOR.D.D.VIEN. Ecu de France-Dauphiné-Ecosse. ℞ FECIT.VTRAQVE. VNVM. 1554. F et M sous une couronne accostés de deux croix de Lorraine. TB.   (*Pl. XV*).

François II   1559 à 1560.

739 — Teston au buste cuirassé de Henri II à dr. 1560. *Lyon*. Type de H. 59 pour Henri II. TB.

740 — Teston du Dauphiné. Buste de Henri II. ℞ Ecu France-Dauphiné. Type de H. 60 var. pour Henri II. *Grenoble*. 1560, arg. B.   (*Pl. XV*).

741 — Teston au buste lauré de Henri II à dr. 1560. *Bayonne*. Type de H. 67 pour Henri II. B.

742 — François II et Marie-Stuart. Gros d'argent. FRAN.ET.MA.D.G.R.R.FRANCO. SCOTOR.Q. Ecu de France-Ecosse accosté de X et d'une croix, ℞ VICIT.LEO.DE. TRIBV.IVDA. 1560. F et M couronnées et accostées d'une fleur de lis et d'un chardon couronnés. H. 3. TB. *(Pl. XV)*.

Charles IX (1560 à 1574).

743 — Teston au buste de Henri II. H. 59 frappé à *St-André-de-Villeneuve*. 1562. Teston du Dauphiné au buste de Henri II. H. 50, frappé à *Grenoble*. 1561. Ens. 2 p. B et TB. *(Pl. XV)*.

744 — Testons au buste court, tête nue, de Henri II. H. 65. *Toulouse*. 1561 et au buste cuirassé et lauré de Henri II. H. 67. *Bayonne*. Ens. 2 p. B et TB.

745 — Ecu d'or au Soleil. *Rouen*. CAROLVS.VIIII.D.G.FRANCORVM.REX. Ecu de France. ℞ CHRISTVS. REGNAT... 1570. Croix fleurdelisée. H. 1 variété. TB. *(Pl. XV)*.

746 — Un exemplaire varié. *Limoges*. 1564. TB.

747 — Un exemplaire varié. *Paris*. daté MDLXV à l'avers. TB.

748 — Une variété datée MDLXXIII à l'avers. ℞ XPS. REGNAT... Croix fleurdelisée *Toulouse*. Ecu d'or au soleil. H. 1 variété. TB. *(Pl. XV)*.

749 — Demi écu d'or à ce dernier type. *Toulouse*. MDLXIX. H. 2 var. troué.

750 — Testons. Buste lauré à g. CAROLVS. VIIII... ℞ SIT. NOMEN. Ecu de France accosté de deux C couronnés. H. 10 et variété. *Toulouse* 1562, 1565 et *La Rochelle* 1564, *Bordeaux* 1567. Ens. 4 p. B et TB.

751 — Un exemplaire varié, *Toulouse* 1566. Superbe. *(Pl. XV)*.

752 — Demi-testons aux mêmes types. *Toulouse* 1562, *La Rochelle* 1562. H. 13 et var. Ens. 2 p. B et TB.

753 — Testons au buste lauré, KAROLVS. 9 et ℞ l'écu de France entre 2 K couronnés H. 15. *Bayonne* 1564, 1571 et demi teston au même type. *Bayonne* 1561, H. 16. Ens. 3 p. B et TB.

754 — Teston à l'écu France Dauphiné. *Grenoble* 1567. H. 17. Teston et demi teston de *Lyon* à l'écu de France sans accostements. H. 18 var. H. 19. Ens. 3 p. B et TB.

755 — Teston dit morveux au buste lauré à dr. frappé à *Orléans* 1562 par les Huguenots. H. 20. B. *(Pl. XV)*.

756 — Teston au buste barbu lauré à g. *Toulouse* 1574. H. 25 et demi teston même type. *Toulouse* 1575. H. 26. Ens. 2 p. TB. *(Pl. XV)*.

757 — Double sol parisis. 2 variétés. H. 31. Douzain. H. 34. H. 35. Douzain du
Dauphiné. H. 36. Sol parisis. 2 variétés. H. 43. Sol parisis du Dauphiné. H. 44.
Liard au C. H. 55. Liard delphinal. H. 57. Ens. 10 p. billon. B et TB.

Henri III (1574 à 1589).

758 — Ecu d'or. HENRICVS.III.D.G.FRAN.ET.POLO.REX. Ecu de France. ℞ CHRIST.
REGNAT...ETC... Croix fleurdelisée. H. 6 var. *Rouen* 1583. B.   (*Pl. XV*).

759 — Demi écu d'or. *Rouen* 1583. mêmes types. B.

760 — Teston et demi teston au buste de Charles IX. H. 10 et H. 13. *Rennes* 1575.
Ens. 2 p. B.

761 — Testons au buste de Henri III lauré à dr. avec fraise autour du cou.
℞ Ecu de France entre deux H couronnées. H. 8. *Toulouse* 1576. H. 9 var.
Rouen 1575. *Paris*. Ens 3 p. B et TB.

762 — Demi teston au buste lauré à dr., col rabattu. H. 11 variété. *Poitiers* 1576
et teston de *Rouen* à ce type. Ens. 2 p. B.   (*Pl. XV*).

763 — HENRICVS.III.D.G...etc... Buste lauré avec col rabattu. ℞ SIT.NOMEN... Croix
fleuronnée portant une lettre H au centre. H. 20. Franc *Toulouse* 1586 et variété
Lyon 1578. Ens. 2 p. B.

764 — Variété datée 1578 sous le buste et L. à la fin de la légende d'avers. H. 22.
Bayonne. B.

765 — Demi francs au buste à col rabattu. H. 23. *Toulouse* 1589; *Poitiers* 1587;
Troyes 1587; *Paris* 1587. Ens. 4 p. B et TB.   (*Pl. XV*).

766 — Quarts de franc. mêmes types. *Rouen* 1587; *La Rochelle* 1587; *Toulouse*
1589; *Paris* 1577. H. 24 et variétés. Ens. 4 p. B.

767   Franc au buste lauré avec fraise. H. 25. *Toulouse* 1583. TB.   (*Pl. XV*).

768 — Demi franc variété à ce type. *Bordeaux* H. 26 et une variété à col rabattu.
Lyon. Ens. 2 p. B.

769 — Quart d'écu. H. 29. *Paris* 1587. Huitième d'écu. H. 31. *Nantes*. *Rennes*.
La Rochelle. Ens. 4 p. B et TB.

770 — Quart d'écu de *St-Quentin*. HENRICVS.III.D.G.FRAN.ET.POL.REX. Croix fleurdelisée. ℞ H.D'ORLEANS.DA.LONGAVIL.FACIEBAT. en légende circulaire et dans le
champ: PRO.CHRISTO.ET.REGE.S.Q.1589. H. 34. B.   (*Pl. XV*).

771 — Gros de Nesle. H. 36, 4 variétés d'ateliers et demi gros de Nesle. H. 38. Ens. 5 p. billon. B et TB.

772 — Gros de Nesle du Dauphiné. H. 39. Double Sol Parisis. H. 41. Ens. 2 p. billon. B.

773 — Douzain. H. 42. 3 variétés, H. 43. Douzain du Dauphiné, H. 44, 3 variétés. Ens. 7 p. billon. B et TB.

774 — Liard au St-Esprit. H. 48 (2 variétés). H. 49 (2 variétés) H. 50. Liard à l'H. H. 51. Liard au dauphin. H. 52. H. 53. Ens. 8 p. billon. B.

775 — Essai argent du double tournois. *Paris* 1578. H. 55 variété. B.

776 — Doubles tournois et deniers tournois. H. 54, H. 57 et variétés. H. 58 et variétés. Ens. 8 p. cuivre. B.

777 — Essai argent du denier tournois. *Paris* 1583, H. 52 var. TB.   (*Pl. XV*).

778 — Double tournois du Dauphiné. H. 65 et variétés. Denier tournois du Dauphiné. H. 66 (2 variétés). Double tournois buste à g. H. 67 var. (faux du temps). Ens. 5 p. cuivre.

Imitations italiennes aux types des monnaies françaises

779 — J. **Augustin Tizzone. Comte de Deciana**. Liards. Revue numismatique 1901, page 89 et 90, nos 1 et 2. Ens. 2 p. Cu. TB.

780 — **Delfino Tizzone. Comte de Deciana**. Imitation billon du gros d'*Avignon* au G couronné du Pape Grégoire XIII. DELFIN.TI.CO.DEC... R DEVS.PROTECTOR MEVS. Croix fleurdelisée. TB.   (*Pl. XV*).
Revue numismatique 1865, page 88.

781 — Imitation du Gros de Nesle d'Henri III. MON.NOV...IMP.DE.COM.DEC. 1584. Grande lettre H couronnée entre 3 fleurs de lis. R SIT. NOMEN... Croix fleurdelisée. (Revue numismatique 1865, page 90 variété). Cavalotto. B.   (*Pl. XVI*).

782 — Imitation du liard à l'H couronnée. Ens. 4 variétés cuivre. B et TB.

783 — Imitation du liard au St-Esprit, à l'H entre 3 fleurs de lis. Ens. 2 pièces cuivre. B.

784 — Imitations du liard delphinal. Ens. 2 p. billon. TB.

785 — Imitations d'un liard de Navarre, d'un liard à l'H couronnée. Ens. 2 pièces cuivre. B et TB.

786 — Imitations du quarto de Savoie. Ens. 2 p. billon. B.

787 — **Mazetti, Seigneurs de Frinco.** MON...ORDIN.A.DO.FRIN. Grande lettre H couronnée entre 3 fleurs de lis. R IN.HOC.SIGN... Croix fleurdelisée. Imitation du Gros de Nesle. Billon. (Revue numismatique 1865). B.

788 — Variété de légende : MON.INP.DO.FRI... Imitation du Gros de Nesle. Billon. B.

789 — Imitations du liard à l'H. 3 variétés. Cu. B.

790 — Imitations du liard au St-Esprit 2 variétés, et imitation du liard au dauphin. Ens. 3 p. Cu. B.

791 — **Guillaume, Duc de Mantoue.** Imitation du liard au dauphin. GVL.D.G. DUX.MAN.III.E.M.F. Dauphin couronné. R. IN.DEO.SPES. Croix fleurdelisée. (Revue numismatique 1894, page 228). 2 variétés. Cu. B et TB.

792 — **Radicati, Comte de Cocconato.** Monnaies frappées à *Passerano*. RE...ET. CO.COM.RAD.B.ET.PASSA. 1585. Grande H couronnée entre 3 fleurs de lis. R SIT. NOMEN.DOMINI... Croix fleurdelisée. Imitation du Gros de Nesle. (Revue de numismatique 1865, page 319). Billon. B.   (*Pl. XVI*).

793 — Imitations du liard à l'H, 2 variétés Cu. B.

794 — Imitations du liard au St-Esprit et du liard à l'H. Ens. 2 variétés Cu. B et TB.

Charles X, Roi de la Ligue (1589 à 1590).

Il a été frappé encore à son effigie ou à son nom plusieurs années après sa mort.

795 — Ecu d'or. CAROLVS.X.D.G.FRANCOR.REX. 1593. Ecu de France couronné. R CHRISTVS.REGNAT...etc... Croix fleuronnée et fleurdelisée. H. 1 B. (*Pl. XVI*).

796 — Quart d'écu. *Paris 1593*. H. 8. Huitième d'écu. *Paris 1590. Lyon*. H. 10 et variété. Ens. 3 p. B.

797 — CAROLVS.X.D.G... Trois lis sous la couronne. R SIT.NOMEN... Croix fleurdelisée. H. 11. Double sol Parisis.

798 — Douzains. H. 12 (2 variétés), H. 13 et variété de ce dernier, à la lettre P à la fin de la légende d'avers = Jean Pons pour *Marseille* 1594 (?). Ens. 4 p. billon.

799 — Liard au C. H. 15. Double tournois. H. 16. Denier tournois. H. 17. Ens. 3 p. billon et Cu.

800 — Demi francs au buste de Henri III frappés par la Ligue. *Toulouse* 1590.
Bordeaux 1590, 1591 ; *Narbonne* 1591. Ens 4 p. B.

801 — Quarts de francs, mêmes types. *Bordeaux* 1591 ; *Toulouse* 1590. Ens. 2 p. B.

802 — Douzain billon de la *Ligue* sans nom de Roi. CHRS.REX.VEN.IM.PAC.

Henri IV (1589 à 1610).

803 — Ecu d'or. HENRICVS.IIII.D.G.FRAN.ET.NAVA.REX. Ecu de France. ℞ CHRISTVS.
REGNAT...etc... Croix fleurdelisée. *Rouen* 1610. II. 5 var. B.   (*Pl. XVI*).

804 — Ecu d'or. HENRICVS.IIII.D.G.FRAN.ET.NA.REX. 1606. Ecu de France. ℞ CHRISTVS.
REGNAT...etc... Croix fleurdelisée. *Paris*. II. 7 var. B.   (*Pl. XVI*).

805 — Huitième d'écu. *Bayonne* 1594. H. 15 var. Quart d'écu. *St-Lô* 1602 et 1607.
2 variétés. II. 17. Huitième d'écu. *St-Lô* 1602. II. 18. Ens. 4 p. B et TB.

806 — Quart et huitième d'écu. *St-André de Villeneuve* 1603, à la croix fleurdelisée du revers cantonnée d'une fleur de lis. H. 19. H. 20. Ens. 2 p. B.

807 — Quarts d'écu de France. II. 23 variétés. *Montpellier, La Rochelle, Bayonne,
Poitiers*. Ens. 4 p. TB.

808 — Huitième d'écu de France. *Bordeaux* 1605. Ens. 24 var. TB.

809 — Quart d'écu du Dauphiné. *Grenoble* 1603. H. 26 var. B.   (*Pl. XVI*).

810 — Quart et huitième d'écu de Navarre. H. 29. H. 30. Ens. 2 p. B et TB.

811 — Quart et huitième d'écu de Navarre Béarn. H. 32, H. 33. Ens. 2p. B et TB.
(*Pl. XVI*).

812 — Demi francs au buste lauré à dr. *St-Lô* 1600. II. 37 ; *Bordeaux*. II. 38. Ens.
2 p. B.

813 — Demi franc au buste lauré à dr. *Rouen* 1594. H. 38 var. TB.   (*Pl. XVI*).

814 — Variétés. *Toulouse* 1605. *Bordeaux* 1592. Ens. 2 p. B.   (*Pl. XVI*).

815 — Quarts de franc au buste lauré à dr. *Bordeaux* et *Lyon*. H. 39. Ens. 2 p. B.

816 — Demi franc 1598, la date sous le buste. H. 44 variété. B.

817 — Autres variétés. *Lyon, Aix, Amiens*. Ens. 3 p. B.

818 — Demi et quart de franc au buste lauré à dr. Derrière le buste, fleur de lis.
Villeneuve St-André. H. 45 var., H. 46. Ens. 2 p. B.   (*Pl. XVI*).

819 — Douzains. H. 63 et variétés. Douzains du Dauphiné. H. 64 et variété. Ens. 7 p. B et TB.

820 — Douzain de Navarre. H. 65. Liard de Béarn. H. 70. Liard delphinal. H. 74. Double tournois. H. 75 et variété, H. 83. H. 87. Denier tournois. H. 79. Ens. 8 p. billon et cuivre.

821 — **Siège de Cambrai**. 1595. Obsidionale cuivre octogone uniface de 20 patards. HENRICO. PROTECTORE. autour de l'écu royal de France. Dessous, les armes de Balagny (Robert. Numismatique de Cambrai. Pl. XI, n° 5. TB.
(*Pl. XVI*).

Louis XIII (1610 à 1643).

822 — Demi écu d'or. LVDOVICVS.XIII.D.G.FRAN.ET.NAV.REX. Ecu de France. R XPS. REGNAT...etc... Croix feuillue. H. 3 variété. *Paris 1622*. B.   (*Pl. XVI*).

823 — Ecu d'or. LVDOVICVS.XIII.D.G.FRAN.ET.NA.REX. 1615. Ecu royal de France. R CHRISTVS.REGNAT... Croix fleurdelisée. H. 4 variété. *Paris*. TB.   (*Pl. XVI*).

824   Ecu d'or au Soleil. LVDOVICVS.XIII.D.G.FRAN.NAVA.REX. 1615. Ecu de France. R CHRISTVS.REGNAT...etc... Croix fleurdelisée. H. 6. *Rouen 1642*. TB.   *Pl. XVI*).

825 — Une variété de ce type. *Rouen 1615*. TB.

826 — Une autre variété. *Amiens 1615*. TB.

827 —   —   *Montpellier 1629*. TB.

828 — Une variété frappée au balancier de *Paris 1642*. TB.   (*Pl. XVI*).

829 — Double louis d'or. LVD.XIII.D.G.FR.ET.NAV.REX. 1641. Tête laurée à dr., mèche de cheveux courte sur le cou. R CHRS. REGN,..etc... Croix aux huit L adossées et couronnées deux à deux, cantonnée de quatre fleurs de lis. H. 20. *Paris*. TB.   (*Pl. XVI*).

830 — Louis d'or, mêmes types, la mèche longue. *Paris 1641*. H. 22 var. TB.   *Pl. XVI*).

831   Louis d'or, mêmes types, la mèche mi-longue. *Paris 1643*. TB.   *Pl. XVI*.

832 — Demi louis d'or, la mèche courte. *Paris 1640*. H. 24. TB.   (*Pl. XVII*).

833 — Demi louis d'or, la mèche longue. *Paris 1643*. TB.   (*Pl. XVII*).

834 — Quarts d'écu. H. 30 et variétés. *Angers 1642*. *Rennes, Toulouse 1643* et huitième d'écu. H. 33. *Rennes 1618*. Ens. 4 p. B et TB.

835 — Quarts d'écu. H. 41. *Nantes* 1642. *Poitiers* 164.. Ens. 2 p. B et TB.

836 — Quart d'écu Navarre Béarn. H. 47. Quart et huitième d'écu Navarre. H. 49, H. 50. Ens. 3 p. B et TB.

837 — Demi franc au buste lauré du Roi avec fraise autour du cou. H. 44 var. *St-Lo* 1645 et demi franc au buste non lauré avec la même fraise. H. 62. *Troyes* 1645. Ens. 2 p. B.

838 — Demi franc au buste lauré avec col plat. H. 6. variétés. Ens. 3. p. B.

839 — Une autre variété avec grand col plat. *Aix* 1641. B.

840 — Une autre variété avec petit col rabattu. *Toulouse* 1638. H. 72. B.

841 — Essai arg. du demi franc par Warin. LVDOVICVS.XIII.D.G.FRANCOR.ET.NAVAR. REX. Buste lauré avec fraise à dr. R SIT. NOMEN...etc... Croix feuillue et fleur-delisée, portant au centre L entre six points. H. 67. B. (*Pl. XVII*).

842 — Louis d'argent de 60 sols. Buste lauré et drapé à dr. R SIT. NOMEN. Ecu de France. *Paris* 1642. Premier poinçon de Warin. H. 87. TB. (*Pl. XVII*).

843 — Louis d'argent de 30 sols. *Paris* 1642. H. 88; 15 sols. *Paris* 1642, H. 89; 5 sols. *Paris* 1642. H. 90. Ens. 3 p. TB.

844 — Louis d'argent de 60 sols au buste drapé, lauré et cuirassé à dr. *Paris* 1643. H. 91. Deuxième poinçon de Warin. TB. (*Pl. XVII*).

845 — Louis d'argent de 30 sols, *Paris* 1642. H. 94; 15 sols, *Paris* 1642, 1643, H. 97. 5 sols, *Paris* 1643. H. 100. Ens. 4 p. TB.

846 — Douzain. H. 111; Obole de Béarn. H. 120 var. Doubles tournois. H. 121 et suivants. Deniers tournois. H. 123 et suivants. Double tournois de Navarre. H. 132. Double Lorr. in. H. 134 var. Ens. 19 p. billon et cuivre. B et TB.

847 — Cinq Réaux de *Barcelone* au buste du Roi entre V-R. R Armes de *Catalogne* 1642. arg. H. 147 var.

848 — Cinq sols de *Barcelone* 1642. H. 148. B.

849 — Seizain de *Catalogne*. H. 149. Seizain de *Barcelone*. 2 variétés. H. 151, 152. Menut de *Vich*. H. 174. Ens. 4 p. Cu. B.

Louis **XIV** 1643 à 1715.

850 — Ecu (...) au Soleil. LVDOVICVS.XIIII.D.G.FRANC.ET.NAV.REX. Ecu de France. R CHRISTVS. REGNAT...etc... 1646. Croix fleurdelisée. H. 1. *Amiens*. B.

851 — Louis d'or à la tête enfantine laurée, mèche longue. LVD.XIIII.D.G.FR.ET.NAV.REX. 1653 (?). Tête à dr. ℞ CHRS. REGN... Croix formée de 8 L. couronnées et adossées deux à deux. H. 12 var. frappé à *Arras*. TB. (*Pl. XVII*).

852 — Un exemplaire varié. *Paris* 1648. TB. (*Pl. XVII*).

853 — Louis d'or à la tête juvénile laurée à dr. ℞ La croix aux 8 L. *Paris* 1663. H. 22. TB. (*Pl. XVII*).

854 — Louis d'or à la tête nue, jeune, à dr. ℞ La croix aux 8 L. *Paris* 1668. H. 24. TB. (*Pl. XVII*).

855 — Double louis d'or à la tête vieillie et laurée à dr. ℞ LVD.XIIII.D.G.FR.ET.NAV.REX. ℞ SIT. NOMEN... 1691. Ecu royal de France. H. 28. *Paris*. TB. (*Pl. XVII*).

856 — Louis d'or aux mêmes types. H. 29. *Lyon* 1691. TB. (*Pl. XVII*).

857 — Demi louis d'or aux mêmes types. H. 30. *Rennes* 1690. TB.

858 — Louis d'or à la tête vieille aurée à dr. LVD.XIIII.D.G.FR.ET.NAV.REX. ℞ CHRS. REGN...etc... Quatre fleurs de lis couronnées en croix, cantonnées de quatre L. H. 33. *Lyon* 1693 (?). TB. Légères surfrappes. (*Pl. XVII*).

859 — Demi louis d'or aux mêmes types. H. 34. *Paris* 1693. TB. Légères surfrappes.

860 — Double louis d'or. Tête laurée vieille à dr. LVD.XIIII.D.G.FR.ET.NAV.REX. 1701• ℞ CHRS. REGN... Croix formée de huit L adossées et couronnées deux à deux, brochant sur le sceptre et la main de justice. H. 35. *Dijon* TB. Légères surfrappes. (*Pl. XVII*).

861 — Louis d'or aux mêmes types. H. 36. *Toulouse* 1702. TB. surfrappé.

862 — Double louis d'or. Tête vieille laurée à dr. LVD.XIIII.D.G.FR.ET.NAV.REX, 17... ℞ CHRS. REGN...etc... Quatre fleurs de lis couronnées formant la croix, brochant sur le sceptre et la main de justice. H. 38. *Bordeaux* 1704 (?). TB. mais surfrappé.

863 — Double louis d'or à la tête vieille, laurée à dr. LVD.XIIII.D.G.FR.ET.NAV.REX. 1710. ℞ CHRS. REGN... Croix formée de huit L adossées et couronnées deux à deux. Au centre, soleil rayonnant. H. 41. *Lyon*. TB. (*Pl. XVII*).

864 — Louis d'or aux mêmes types. H. 42. *Lyon* 1709. TB. (*Pl. XVIII*).

865 — Demi louis d'or aux mêmes types. H. 43. *Rennes* 1711. B.

866 — Quart et huitième d'écu à la légende LVDOVICVS. XIII. du côté de la croix fleurdelisée. H. 44. *Bordeaux* 1646, H. 45. *Toulouse* 1646. Ens. 2 p. TB.

867 — Quarts d'écu à la légende LVDOVICVS du côté de l'écu. H. 48 et variétés. *Narbonne* 1646. *Nantes* 1647. *Aix* 1645. Quart d'écu de *Navarre* 1649. H. 51. Ens. 4 p. B et TB.

868 — Ecu blanc au buste enfantin lauré, mèche courte à dr. R SIT. NOMEN. Ecu de France. H. 55. *Paris* 1645. TB.   *(Pl. XVII).*

869 — Demi écu blanc. H. 59. *Paris* 1644. Quart d'écu blanc. H. 61. *Paris* 1643. Douzième d'écu blanc. H. 63. *Paris* 1644, mêmes types. Ens. 3 p. TB.

870 — Trente deniers *Paris* 1644. H. 69 et quinze deniers *Paris* 1644. H. 70. Ens. 2 p. TB.

871 — Ecu blanc à la mèche longue, au buste enfantin lauré à dr. H. 71. *Rouen* 1652. TB.

872 — Demi écu. *Rouen* 1647. H. 76. Quart d'écu. *Paris* 1646. H. 77. Douzième d'écu. *St-Lô* 1650. H. 78. Ens. 3 p. TB.

873 — Ecu de France-Navarre Béarn. Buste enfantin lauré, mèche longue à dr. R SIT. NOMEN... Armes France-Navarre Béarn. 1650. H. 83. TB.   *(Pl. XVII).*

874 — Douzième d'écu du Dauphiné. Buste lauré à dr. R SIT. NOMEN...etc... Ecu France-Dauphiné. H. 99. *Grenoble* 1660. TB.   *(Pl. XVIII).*

875 — Ecu blanc au buste juvénile lauré à dr. R SIT. NOMEN. Ecu de France. *Bayonne* 1665. H. 102. TB.

876 — Demi écu blanc. *Lyon* 1667. H. 103. Douzième d'écu. *Paris* 1662. H. 105 mêmes types. Ens. 2 p. TB.

877 — Quatre sols d'argent. H. 106. *Paris* 1677 et *Vimy* ou *Lyon* 1675. H. 106. Deux sols d'argent. H. 107. *Paris* 1675. Ens. 3 p. TB.

878 — Ecu blanc de France Navarre et Béarn au buste juvénile lauré à dr. H. 109. 1667. TB.

879 — Ecu blanc dit du Parlement. Buste cuirassé et drapé avec grande perruque à dr. Au cou, une cravate de dentelle. R SIT. NOMEN... Ecu royal de France. H. 113 var. *Paris* 1673. TB.

880 — Une variété. *Aix* 1680. TB.

881 — Demi écu du Parlement, mêmes types. *Aix* 1679. TB.

882 — Ecu blanc, buste drapé avec perruque à dr. R SIT. NOMEN...etc... **Ecu de** France. H. 123. *Amiens* 1685. B.

883 — Écu de Flandre ou Carambole émis pour 80 sols. Buste drapé à dr. a arr. NOMEN... etc... Écu de France-Bourgogne. *Lille* 1685. H. 128. TB.

884 — Demi écu carambole, mêmes types. *Paris* 1685. H. 129. TB.   *(Pl. XVIII).*

885 — Quart écu carambole. *Lille* 1686. H. 130. Huitième d'écu carambole. *Lille* 1685. H. 131. Seizième d'écu carambole. *Lille* 1686. H. 132. Ens. 3 p. B.

886 — Écu aux huit L. *Bourges* 1690. H. 133. Variété. *Dijon* 1691. Ens. 2 p. B et TB.

887 — Demi écu aux huit L. *Paris* 1696. H. 134. Quart d'écu aux huit L. *Rennes* 1691. H. 135. Quatre sols. *Montpellier*. H. 139. Ens. 3 p. B et TB.

888 — Écu aux palmes. Buste cuirassé à dr. a arr. NOMEN... L'Écu de France posé sur 2 palmes. *La Rochelle*. H. 146. TB. avec surfrappes.

889 — Demi écu aux palmes. *Paris* 1695. H. 147. Quart d'écu blanc aux palmes. *Aix* 1696. H. 132. Ens. 2 p. TB.

890 — Écu carambole aux palmes. *Lille* 1695. H. 148. Demi écu carambole aux palmes. *Lille* 1695. H. 149. Ens. 2 p.

891 — Écu aux insignes. Buste cuirassé à dr. a Écu rond sur le sceptre et la main de justice. *Lyon* 1701. H. 153. Grand module et variété de module normal. *Paris* 1701. Ens. 2 p. B et TB.   *Pl. XVIII.*

892 — Demi écu aux insignes. *Lyon*. H. 154. Quart d'écu. *Aix* 1702. H. 155. Ens. 2 p. B et TB.

893 — Dix sols tournois. *Strasbourg* 1702. H. 169. Vingt sols. *Aix* 1702. H. 171. Dix sols. *Lyon* 1707. H. 172. Cinq sols. *Lyon* 1702, *Strasbourg* 1704. H. 173. Ens. 5 p. B et TB.

894 — Écu aux 8 L. *Lyon* 1704. H. 174. Demi écu aux 8 L. *Montpellier* 1704. H. 175. Quart d'écu aux 8 L. *Paris* 1702. H. 176. Ens. 3 p.

895 — Écu aux trois couronnes. *Lyon* 1715. H. 187. TB.

896 — Demi écu aux trois couronnes. *Paris* 1710. H. 189. Quart d'écu. *Dijon* 1711. H. 190. Dixième d'écu. *Montpellier* 1710. H. 191. Vingtième d'écu. *Aix* 1711. H. 192. Ens. 4 p. B et TB.

897 — Liard billon. H. 205. Sol de 15 deniers. H. 218. Treize deniers. H. 222. Quinze deniers. H. 224. 2 variétés surfrappées sur des douzains de Charles VIII. Une 3e variété contremarquée ms à Genève. Denier tournois. H. 227. Liard de *Lyon*. H. 235. Liard aux deux bustes. H. 236. Liard. H. 244. Six deniers. H. 248. divers ateliers. Ens. 12 p. billon et cu., quelques unes B.

898 — Double sol de *Perpignan*. 2 variétés de H. 256. Menut de *Perpignan*. H. 260. Seizain de *Barcelone*. H. 265. Demi seizain de *Barcelone*. H. 266. Menut de *Barcelone*. H. 267. Ens. 5 pièces billon et cuivre. B.

899 — 25 Soldi de *Modène* au buste lauré du Roi. ℞ St Géminien debout. H. 271. Billon.

900 — 13 soldi de *Modène* au buste lauré du Roi à dr. ℞ Armes de la Ville. H. 272. Billon. B.

901 — 2 soldi de *Modène* au buste drapé du Roi. ℞ St Géminien à genoux. H. 273. Soldo de *Modène* aux armes de la Ville. H. 274. Ens. 2 p. billon. B.

902 — Trente sols de *Strasbourg*. MONETA. NOVA... etc... Grande fleur de lis. ℞ GLORIA.IN.EXCELSIS.DEO. XXX SOLS. 1685. H. 275. Deux sols de *Strasbourg*. H. 279. Un sol de *Strasbourg*. H. 280. Mêmes types. Ens. 3 p. B et TB.

903 — Demi écu aux palmes de *Strasbourg*. 1684. à la grande fleur de lis. H. 281. surfrappé. TB.

904 — Demi écu aux insignes de *Strasbourg*. 1702. à la grande fleur de lis. H. 283. TB. *(Pl. XVIII)*.

905 — Trente trois sols de *Strasbourg*. 1705. ℞ Main de justice. glaive et 3 fleurs de lis sous une couronne. H. 286. TB. *(Pl. XVIII)*.

906 — Quarante sols de *Strasbourg*. 1709. Buste du Roi à dr. ℞ MONETA.NOVA. ARGENTINENSIS. Ecu de France. H. 287. B.

907 — Vingt sols *Strasbourg* 1709. H. 288 et dix sols *Strasbourg* 1710. H. 289. Ens. 2 p. B.

908 — **Siège d'Aire**. Obsidionale arg. uniface octogone de 50 sols : aux armes du Gouverneur de Goesbriant. 1710. TB. *(Pl. XVIII)*.

909 — Obsidionale de 25 sols arg. uniface rectangulaire. mêmes types. TB.

910 — **Lille** assiégée par les Alliés. Obsidionales de 20 sols. 10 sols. 5 sols. 1708 aux armes du Maréchal de Boufflers. Ens. 3 p. cu. TB.

911 — **Tournay** assiégée par les alliés en 1709. Obsidionale arg. carré uniface de 20 sols au buste lauré à g. et légende M.DE.SURVILLE. B.

912 — Obsidionales de 8 et de 2 sols. Ens. 2 p. Cu. B.

Louis XV (1715 à 1774).

913 — Double louis d'or dit de Noailles. LVD.XV.D.G.FR.ET.NAV.REX. 1718. Tête enfantine couronnée à g. ℞ CHRS. REGN. VINC. IMP. Quatre écus de France et de Navarre couronnés formant la croix, cantonnés de quatre fleurs de lis. H. 6. *Paris.* TB.   *(Pl. XVIII).*

914 — Louis d'or à la croix de Malte. LVD.XV.D.G.FR.ET.NAV.REX. 1718. Tête jeune laurée à dr. ℞ CHRISTVS. REGNAT. VINCIT. IMPERAT. Croix de Malte avec trois fleurs de lis en cœur. H. 9. *Paris.* TB.   *(Pl. XVIII).*

915 — Louis d'or dit Mirliton. LVD.XV.D.G.FR.ET.NAV.REX. 1723. Buste jeune nu, lauré à dr. ℞ CHRS.REGN.VINC.IMP. Deux L cursives affrontées sous une couronne entre deux palmes. H. 14. *Rennes.* TB.   *(Pl. XVIII).*

916 — Louis d'or dit aux lunettes. LVD.XV.D.G.FR.ET.NAV.REX. Buste drapé à g. ℞ CHRS.REGN.VINC.IMPER. 1727. Les écus ovales de France et de Navarre sous une couronne. H. 16. *Toulouse.* TB.   *(Pl. XVIII).*

917 — Demi louis d'or aux mêmes types. H. 17. *Lille* 1726. TB.   *(Pl. XVIII).*

918 — Double louis d'or dit au bandeau. LVD.XV.D.G.FR.ET.NAV.REX. Tête ceinte d'un bandeau à g. ℞ CHRS.REGN.VINC.IMPE. 1745. Les écus de France et de Navarre sous une couronne. H. 18. *Strasbourg.* TB.   *(Pl. XVIII).*

919 — Louis d'or aux mêmes types H. 19. *Lille* 1745. TB.   *(Pl. XVIII).*

920 — Demi louis d'or aux mêmes types. H. 20. *Paris* 1747. TB.   *(Pl. XVIII).*

921 — Ecu aux trois couronnes. LVD.XV.D.G...etc... Buste enfantin, tête nue à dr. ℞ SIT.NOMEN...etc... 1715. Trois couronnes cantonnées de 3 fleurs de lis. H. 23. *Lille.* B.   *(Pl. XVIII).*

922 — Ecu vertugadin. Même type d'avers. ℞ SIT.NOMEN... Ecu de France couronné. H. 27. *Aix* 1716. Quart d'écu, même type. H. 29. *Lille* 1716. Ens. 2 p. B et TB.

923 — Quarante sols arg. de *Strasbourg.* H. 32. Petit louis d'arg. *Aix* 1720. H. 35. Ens. 2 p. arg. B et TB.

924 — Ecu de Navarre. Buste lauré à dr. ℞ SIT.NOMEN...etc... Ecu de France Navarre. H. 34. *Paris* 1718. Dizième d'écu de Navarre. *Strasbourg* 1718. H. 37. 20 sols de Navarre. *Aix* 1719. H. 38. Dix sols de Navarre. *Aix* 1719. H. 39. Ens. 4 p. arg. B et TB.

925 — Ecu de France. Buste lauré et drapé du Roi à dr. ℞ SIT.NOMEN...etc... Ecu de France couronné. H. 40. *Paris* 1720. Tiers d'écu, mêmes types. H. 42. *Aix* 1721. Sixième d'écu. *Lille* 1721. H. 43. Douzième d'écu. *Montpellier* 1721. H. 44. Ens. 4 p. B et TB.

926 — Ecu aux 8 L. Buste cuirassé et lauré à dr. ℞ SIT.NOMEN... Croix formée de 4 fleurs de lis couronnées, cantonnée de 4 doubles L adossées. H. 45. *Rennes* 1725. TB.   (*Pl. XIX*).

927 — Demi écu, même type. H. 46. *Paris* 1725, huitième d'écu, même type. H. 48. *Montpellier* 1725. Ens. 2 p. B et TB.

928 — Ecu aux lauriers. Buste habillé, tête nue à g. ℞ SIT.NOMEN... Ecu de France posé sur 2 branches de lauriers. H. 50. *Amiens* 1726. Superbe.

929 — Demi écu aux lauriers. *Caen* 1733. H. 51. Cinquième d'écu. *Paris* 1726. H. 52. Dixième d'écu. *Paris* 1728. H. 53. Vingtième d'écu. *Rennes* 1732. H. 54. Ens. 4 p. TB.

930 — Ecu au bandeau. Tête nue à g. ceinte d'un bandeau. ℞ SIT.NOMEN... Ecu de France sur 2 branches de lauriers. H. 56. *Perpignan* 1757. *Caen* 1753. Ens. 2 p. B et TB.

931 — Demi écus aux mêmes types. *Rouen* 1741. *Lille* 1761. H. 58. Ens. 2 p. TB.
                                                          (*Pl. XIX*).

932 — Vingt-quatre sols au bandeau. *Besançon* 1756. *Paris* 1741. H. 59. Douze sols. *Montpellier* 1741. *Grenoble* 1762. H. 60. Six sols. *Montpellier* 1747. H. 61. Ens. 5 p. B et TB.

933 — Ecu à la vieille tête. Buste lauré âgé du Roi à g. ℞ SIT.NOMEN... Ecu de France couronné posé sur 2 branches de lauriers. H. 62. *Perpignan* 1774. TB.
                                                          (*Pl. XIX*).

934 — Vingt-quatre sols. H. 65. *Strasbourg* 1774. Douze sols. H. 66. *Metz* 1773. Six sols. H. 67. *Paris* 1773 et 1779 (sic). Ens. 4 p. TB.

935 — Doubles sols. H. 68. Sols. H. 70 (4 pièces billon). Sol, demi sol et liard. H. 71. 72. 73 au buste tête nue. Sol et demi sol d'*Aix*. H. 74. H. 75 à la tête laurée. Ens. 9 p. billon et Cu. B.

936 — Sol, demi sol et liard à la tête laurée vieille à dr. H. 77, 78, 79. Sol de *Béarn*. H. 80. Sols de 12 deniers des Colonies. H. 82. H. 83. Ens. 6 p. Cu. B.

937 — Livre d'argent de 20 sols aux 2 L adossées frappée à *Paris* 1720 pour la *Compagnie des Indes*. H. 84. TB.
                                                          (*Pl. XIX*).

938 — Douze sols argent pour les *Iles de Vent. La Rochelle* H. 1. H. 8.. TB. et six sols. mêmes types. H. 86. Ens. 2 p.

939 — Sol billon de *Cayenne*. H. 87. Quatre royalins de *Pondichéry*. H. 9.. Deux royalins. H. 9.. Royalin. H. 9. var. Ces 5 p. en argent, plus quatre divisions en cuivre pour *Pondichéry* et *Mahé*. H. 9.. H. 101. H. 10.. etc. Ens. 8 p.

Louis XVI (1774 à 1793)

940 — Double louis d'or aux lunettes. LVD.XVI.D.G.FR. ET.NAV.REX. Buste habillé à g. R CHRS.REGN.VINC.IMPER. 175. Deux écus ovales de France et de Navarre surmontés d'une couronne. H. 2. *Bordeaux*. TB. PL. XIX.

941 — Double louis d'or. LVD.XVI.D. .FR.E.. NAV.REX. Buste à g. R CHRS.REGN. VINC.IMPER. 1786. Deux écus carrés, un de France, l'autre de Navarre accolés sous une couronne. H. 3. *Lille*. T..

942 — Un exemplaire varié de frappe. *Paris*. TB.

943 — Louis d'or aux mêmes types. *Paris* 175.. H. 6. TB. PL. XIX.

944 — Ecu de six livres. Buste habillé à g. R ...SIT.NOMEN... Ecu de France couronné entre 2 branches de lauriers. H. 1.. *Paris*. TB.

945 — Variété formant boîte ou vaula à vis. *Bordeaux* 178.. TB.

946 — Variété avec var... indication ... *Paris* 178.. F.

947 — Demi écu. *Paris* 1791. H. 13. Vingt-quatre sols. *Bayonne* 1792, *Montpellier* 1787. H. 14. Douze sols. *Paris* 1783. H. 15. Six sols. *Paris* 1782. H. 16. Ens. .. p. TB.

948 — Sols. H. 17. demi sol. H. 18. liard. H. 19. *Isles de France et de Bourbon*. 3 sous. H. 20 var. Colonie de *Cayenne*. 2 sous. H. 2. et variété de cette dernière contremarquée. TBe. pour *Tabago*. Ens. 7 p. billon et Cu. B et TB.

949 — Essai argent de l'écu dit de Calonne. Buste nu lauré à g. de Louis XVI par Droz. R SIT.NOMEN... 1786. Deux L cursives affrontées formées de palmes et de lauriers. Au centre, trois fleurs de lis. le tout sous une couronne. H. 2.. *Paris*. TB. PL. XIX.

950 — Louis d'or constitutionnel de 24 livres. LOUIS XVI. ROI DES FRANCOIS. Tête nue à g. 1792. R REGNE.DE.LA.LOI. Le génie de la France écrivant à di. EXERGUE: AN.5.DE.LA.LIBERTE. H. 59. *Paris*. TB. PL. XIX.

951 — Grand écu constitutionnel aux types précédents. *Limoges* 1792. H. 60. TB.

952 — Variété. *Bordeaux* 1793. TB. (*Pl.* **XIX**).

953 — Demi écu, mêmes types. *Paris* 1792, H. 62. 30 sols. *Limoges* 1791.
Perpignan 1792. H. 63. Ens. 3 p. TB.

954 — 30 sols. *Paris* 1792, *Lille* 1793. H. 63. 15 sols. *Paris* 1791, *Toulouse* 1792,
H. 65. Ens. 4 p. TB.

955 — Deux sols. H. 71. Sols de douze deniers. H. 72. Demi sols de 6 deniers.
H. 73. 3 deniers. H. 74. Ens. 8 p. Cu. B et TB.

RÉVOLUTION

He = Hennin. — Histoire Numismatique de la Révolution Française. Paris 1826.

---

956 — Monnerons au serment du Roi. He. 220 ; au buste de La Fayette. He. 300 ;
au buste de J.-J. Rousseau. He. 306. Ens. 3 p. Cu. B et TB.

957 — Monnerons de 2 sols. He. 342. Monnerons de 5 sols au serment des soldats.
Ens. 7 p. Cu. TB.

958 — Dixain métal de cloche, grand et petit module 1791. He. 336, He. 337. Ens.
3 p. : deux coulées et une variété frappée. (*Pl.* **XIX**).

959 — Trois sols de Thévenon. He. 345 ; 2 sols 6 deniers de Montagny. He. 346 ;
Sol 2 des Fonderies de Marromme 1790 ; 10 cent. sans date de la Fabrique du
Vast et médaille portative coulée représentant une cloche (Les Barnabites ?).
Ens. 5 p. Cu. B et TB.

960 — Essai métal de cloche au buste de la Liberté à g. par Galle, portant une
pique surmontée d'un bonnet phrygien. ℞ A.LA.CONVENTION... LES.ARTISTES.
REVNIS.DE.LYON... MDCCXCII. He. 387. TB. (*Pl.* **XIX**).

961 — Essai métal de cloche au buste nu lauré de *Mirabeau* à g. ℞ METAL.DE.
CLOCHE... LYON. He. 405 et pièce d'essai au Génie par Dupré 1792 en cuivre.
Ens. 2 p. TB. (*Pl.* **XIX**).

962 — Cinq sols à l'Hercule. AN IV. He. 454. Deux sols à l'Hercule et à la pyramide. He. 439. Ens. 2 p. Cu. TB.

963 — Lefèvre Lesage et Cie à Paris. 20 sols. He. 440, 441 ; 10 sols. He. 442, 443 ; 5 sols. He. 444. Ens. 5 p. arg. TB.   *(Pl. XIX)*.

964 — 5 sols arg. de Potter. He. 449 ; 2 sols de Clémançon. He. 454 ; siège de Mayence 1793. 5 sols. He. 504 ; 2 sols. He. 506, sol. He. 507. Ens. 5 p. dont 4 en cuivre. B et TB.

965 — 2 sols 1793. He. 593 ; variété de 1792 surfrappée au génie ; sol des Colonies de Louis XV surfrappé R.F. He. 602. Ens. 3 p. Cu. B.

966 — Louis d'or. RÉPUBLIQVE. FRANÇAISE. L'AN. II. – 24 LIVRES A. dans une couronne de chêne. R. REGNE DE LA LOI. Le Génie de la France debout. 1793. He. 597. *Paris.* TB.   *(Pl. XIX)*.

967 — Ecu de six livres argent aux mêmes types. *Paris* 1793. He. 598. TB. *(Pl. XX)*.

968 — Variété frappée à *Lille* 1793. TB.

969 — 2 sols, 1 sol et demi sol aux balances. He. 600, 601 et variété. He. 602. 5 décimes dits de *Robespierre* à la Fontaine d'Isis. He. 608 et pièce d'essai au Génie de Dupré. He. 614. Ens. 6 p. Bronze. B et TB.   *(Pl. XX)*.

970 — **Siège de Maëstricht**. Obsidionale arg. uniface de 50 stuyvers 1794 à l'étoile. He. 640. TB.

971 — **Siège de Luxembourg**. Sol. He. 650. Pièce satirique anglaise. He. 651. 10 centimes au serpent entourant le faisceau et la massue. He. 678 et essai moderne à l'effigie de Louis XVII à g. Ens. 4 p. Cu. B et TB.

972 — **Bamberg**. François Louis. Prince Evêque. Thaler de contribution aux armes. 1795. He. 706. TB.
Les thalers et demi thalers de contribution ont été frappés pour la défense contre les armées françaises de la Révolution, ou pour payer les contributions de guerre.

973 — **Fulda**. Adalbert. Prince Evêque. Thaler de contribution à son buste et à ses armes. 1795. He. 709. TB.

974 — **Würtzbourg**. Georges Charles. Prince Evêque. Thaler de contribution à son buste et à ses armes. 1795. He. 712. TB.

975 — **République**. 2 décimes an 4. *Paris.* He. 749 ; décime an 4. He. 750 ; 5 cent. an 4. He. 751. Ens. 3 p. Cu. TB.

976 — **Eichstadt**. Joseph Prince Evêque. Thaler de contribution au buste et aux armes. He. 773. TB.   (*Pl. XX*).

977 — **Francfort-sur-le-Mein**. Thaler de contribution à l'aigle couronnée. ℞ Valeur 1796. He. 775. TB.

978 — **Fulda**. Adalbert. Prince Evêque. Demi thaler de contribution aux armes. ℞ PRO.DEO.ET.PATRIA. 1796. He. 780. TB.

979 — **République**. 5 francs à l'Hercule an 6. *Perpignan*. B.

980 — Balancier. R.BALANCIER.PERFECTIONNÉ.PAR.LÉONARD.TOURNU... 1797. Essai Cuivre. He. 806. TB.   (*Pl. XX*).

981 — Essai au faisceau entre 2 branches de chêne en bronze coulé par Thuillié fondeur à *Nancy*. He. 770. TB.

982 à 985 — Cinq centimes an 5. He. 802, an 7. He. 917 ; centime an 6. an 7 : Sol du Siège de Mantoue. He. 909. Ens. 5 p. Cuivre B. et TB.

986 — Cinq décimes et 2 décimes an 8 *Paris* au buste de Pallas à g. Ens. 2 p.   (*Pl. XX*).

987 — Variété du 2 décimes ayant tranche cannelée. frappe plus récente. Un décime an 8 *Bordeaux*. *Lille*. *Metz* ; cette dernière pièce formant boite. Cinq centimes *Lille*. Essai an 9 à la tête de Lavoisier par Gengembre. Ens. 6 p. Arg. et Cu. B. et TB.

988 — Cinq francs an 11 à l'Hercule *Paris* TB.

Républiques Etrangères
de la Période Révolutionnaire

989 — **République Brabançonne**. Ducaton arg. au lion armé. 1790. TB.

990 — **République Cisalpine**. Ecu de 6 lire an VIII. ALLA.NAZ.FRAN.LA.REP.CISAL. RICONOSCENTE. La France casquée assise à dr. et la République Cisalpine debout. TB.   (*Pl. XX*).

991 — 30 soldi an IX. Buste de Cérès à dr. ℞ PACE.CELEBRATA.FORO.BONAPARTE. TB.   (*Pl. XX*).

992 — **République de Gênes**. Ecu de 8 lire. 1796. au St-Jean-Baptiste debout. TB.

993 — **République Ligure**. Ecu de 8 lire. 1798. au type de Mars et l'Egalité debout. B.

994 — **République Génevoise**. Ecu à la tête tourelée de la ville à g. ℞. PRIX.DV. TRAVAIL. 1794. B.

995 — Essai en bronze coulé d'un écu. La ville debout à dr., suivie d'un aigle. ℞. MONNOYE.REVOLUTIONNAIRE.19.JVILLET.1794.XI.FLORINS. TB.

996 — 15 sols billon 1794. Six sols 1796. Cinq centimes an 9 de la République Française frappé à *Genève*. 1 rappen de la République helvétique 1802. Ens. 4 p. billon et cuivre. B et TB.

997 — **République Napolitaine**. Ecu de 12 carlins an 7 à la Liberté debout appuyée sur un faisceau et tenant la pique surmontée du bonnet phrygien. B. *(Pl. XX)*.

998 — 6 tornesi et 4 tornesi an 7. **Ens.** 2 p. Cu. au faisceau. B et TB.

999 — **République Piémontaise**. Mezzo scudo an VII à la Liberté debout tenant un faisceau surmonté du bonnet phrygien. TB. *(Pl. XX)*.

1000 — L'ITALIE. DÉLIVRÉE. A MARENGO. Buste casqué et lauré de Minerve à g. ℞ LIBERTÉ.ÉGALITÉ.ERIDANIA. 20 FRANCS. L'AN 9. dans une couronne. Or TB. *(Pl. XX)*.

1001 — Variété. L'AN 10. Or. TB.

1002 — GAULE.SVBALPINE. La Liberté et l'Egalité debout. ℞ Le précédent varié : 5 FRANCS. L'AN 10. TB.

1003 — **République de Raguse**. Ecu au buste de la ville a dr. ℞ Ecu couronné à la légende LIBERTAS. 1794. TB.

1004 — **République Romaine**. Essai arg. d'écu ou médaille. Aigle en une couronne posé sur un autel portant un drapeau à la légende : REPVBBLIC.ROMANA. ℞ LIBERTA.ROMANA.XXVII. PIOVOSO. AN. VII. TB.

1005 — Scudo romano à la Liberté debout. B.

1006 — Due baiocchi, mezzo baiocco de Rome, Due baiocchi d'Ancône. Ens. 3 p. Cu. au faisceau. B.

1007 — **République de Venise**. Ecu de 10 lire à la Liberté debout 1797. TB. *(Pl. XX)*.

Bonaparte Premier Consul (1799 à 1804).

1008 — 40 francs or an XI. *Paris*. TB. *(Pl. XX)*.

1009 — 20 francs or an XI. *Paris*. TB.

1010 — Cinq francs an XI. *Paris*. presque FDC.

1011 — Cinq francs an 12. *Paris*. presque FDC.   *(Pl. XXI)*.

1012 — Franc et quart an 12. *Paris*. Ens. 2 p. TB.

Napoléon Empereur (1804 à 1815).

1013 — 20 francs or. *Paris* an 12, à la tête nue à g. TB.

1014 — 5 francs *Bordeaux* an 12 à la grosse tête nue à dr. signée : TIOLIER sous le cou. B.

1015 — 5 francs *Paris* an 13 à la tête nue signée BRENET sous le cou. TB.

1016 — 1 franc, demi franc et quart de franc an 13 *Paris*; 2 francs an 14 **Paris**. Ens. 4 p. TB.

1017 — Essai bimétallique de 10 centimes 1806 à l'aigle ; argent entouré de cuivre. TB.

1018 — Quart *Paris* 1807 arg. ; 10 centimes 1808 *Limoges* et 1808 *Strasbourg*. billon ; 5 centimes *Strasbourg* 1808 en cuivre. Ens. 4 p. B et TB.

1019 — 5 francs à la tête laurée 1809. *Rouen*. TB.

1020 — 5 francs 1811 *Paris* et demi franc *Marseille* 1811. mêmes types, presque FDC.   *(Pl. **XXI**)*.

1021 — 5 francs. même type 1812 *Rome*. B.

1022 — 5 francs 1813 *Utrecht*. B.

1023 — 40 francs or 1813 à la tête laurée. *Paris*. TB.   *(Pl. **XX**)*.

1024 — 1 franc 1813 *Perpignan*, 5 francs 1814 *Paris*. Ens. 2 p. à la tête laurée. TB.

1025 — **Les Cent Jours**. 20 francs or *Paris* 1815 à la tête laurée. B.

1026 — 5 francs *Perpignan* 1815 à la tête laurée. TB.

1027 — 2 francs *Paris* 1815 à la tête laurée par Tiolier. TB.   *(Pl. XXI)*.

1028 — **Napoléon. Roi d'Italie**. 2 lire 1808 *Milan* tranche en relief, 15 soldi 1808 *Milan* tranche étoilée en creux. Ens. 2 p. TB.

1029 — 20 lire or 1809 *Milan*. B.

1030 — 2 lire 1810 *Milan*; 5 soldi 1810 *Milan*. Ens. 2 p. arg. TB. plus soldo cuivre *Milan* 1810 et 1811. Ens. 4 p. B et TB.

1031 — Lire *Venise* 1812, 10 soldi *Milan* 1813, 10 centesimi *Milan* 1813, 3 centesimi 1813 *Milan*; centesimo *Milan* 1813. Ens. 5 p. arg. billon et cuivre. B et TB.

1032 — 40 lire or 1814 *Milan*. TB. *(Pl. XXI).*

1033 — 5 lire 1815 *Milan*. TB. *(Pl. XXI).*

Feudataires et Famille de Napoléon I

1034 — **Marie-Louise, Duchesse de Parme** (Ex-Impératrice). 5 lire et 5 soldi 1815 à son buste à g. Ens. 2 p. arg. TB.

1035 — **Joseph Napoléon, Roi des 2 Siciles**. Ecu de 120 grani 1808 à sa tête à g. TB.

1036 — **Joseph Napoléon, Roi d'Espagne**. Piastre de 20 réaux *Madrid* 1809 et 4 réaux *Madrid* 1810 à son buste à g. et à ses armes. Ens. 2 p. arg. TB.

1037 — **Elisa Bonaparte et Félix Bacciochi, Prince et Princesse de Lucques et Piombine**. 5 franchi 1805 à leurs bustes accolés à dr. presque FDC. *(Pl. XXI).*

1038 — 5 franchi 1807, 1 franco 1806 aux mêmes types. Ens. 2 p. TB.

1039 — **Louis Napoléon, Roi de Hollande**. Rixdale d'*Utrecht* à l'écu 1808. ☞ Le chevalier debout. TB.

1040 — Ecu de 50 stuyvers à la tête du Roi à dr. ☞ Ecu couronné 1808. TB. *(Pl. XXI).*

1041 — 10 stuyvers 1809 argent aux mêmes types. TB.

1042 — Ducat d'or 1809 à la tête du Roi à g. ☞ Ecu couronné. TB. *Pl. XXI.*

1043 — **Murat, Roi de Naples**. Ecu argent de 12 carlins 1810. Tête nue à g. ☞ Valeur. TB. plus 3 grana 1810 cuivre aux mêmes types. Ens. 2 p. *Pl. XXI.*

1044 — 5 lire à sa tête à dr. 1813. ☞ Armes sur manteau. TB.

1045 — **Jérôme Napoléon, Roi de Westphalie**. 20 frank or 1811 à son buste nu lauré à g. par Tiolier. TB.

1046 — Thaler arg. 1813 à son buste nu lauré à dr.; 20 cent. 1812; 5 cent. 1808; 3 cent. 1812. Ens. 4 p. arg., billon et cuivre. B et TB.

1047 — Étrurie. Charles Louis Roi et Marie-Louise Régente. Grand écu arg.
à leurs bustes en regard. *Pise* 1803. TB.

1048 — Confédération du Rhin. Charles de Dalberg. Prince Primat. Thaler arg.
de Ratisbonne à son buste et à ses armes. 1809. TB.

1049 — Bernadotte, Roi de Suède. Rixdaler Species arg. 1834 à son buste nu à
dr. ʀ Ses armes et 2 skilling banco en cuivre 1843 à son buste drapé à dr.
ʀ Valeur. Ens. 2 p. TB.

Monnaies obsidionales

1050 — Siège d'Anvers. 10 centimes et 5 centimes à l'N. 1814. Ens. 2 p. Cu.
B et TB.

1051 — Occupation de Barcelone. 5 pesetas 1809 et 4 quartos 1812 aux armes.
Ens. 2 p. arg. et cuivre. B et TB.

1052 — Siège de Cattaro. Obsidionale de 5 francs arg. coulé à l'N couronnée
entre 2 grenades. DIEV.PROTEGE.LA.FRANCE. ʀ CATTARO.EN.ETAT.DE.SIEGE. 1813.
Trophée de sabre. canon. fusil. B.

1053 — Iles de France et Bonaparte. Ecu de 10 livres dit piastre Decaen à
l'aigle couronnée 1810. TB.   *(Pl. XXI).*

1054 - Girone. Un duro obsidional 1808 au chiffre de Ferdinand VII, Roi
d'Espagne. TB.

1055 — Occupation d'Hambourg par Davoust. 32 schillinge 1808 et 1809 aux
armes de la ville. Ens. 2 p. grand et petit module. TB.   *(Pl. XXI).*

1056 -- Ile Maurice. Occupation anglaise. 50 sous et 25 sous. 2 p. nickel sans
date. B et TB.

1057 — Ile Mayorque. Piastre de 30 sueldos aux armes couronnées. ʀ 4 poinçons
a chiffre de Ferdinand VII. Roi d'Espagne, la valeur et la date 1808. TB.
                                                                (Pl. XXII).

1058 -- Variété: la valeur et la date en lettres séparées et non obtenues par 2
poinçons. TB.

1059 Variété octogone a ce dernier type et les armes non couronnées. TB.
                                                                (Pl. XXII).

1060 — Siège de Strasbourg. Un décime à l'N perlée 1815. Cuivre. TB.

1061 — **Siège de Tarragone.** 5 pesetas aux armes de Catalogne et au chiffre de Ferdinand VII, Roi d'Espagne 1809. TB.

1062 — **Siège de Zara.** Obsidionale de 2 onces = 9 fr. 20 c. à l'aigle couronnée entre ZARA et 1813. B.

1063 — Obsidionale de 1 once = 4 fr. 60 c. aux mêmes types. TB.   (*Pl. XXII*).

1064 — **Les Alliés à Paris.** Ange de Paix module de 5 francs à l'écu de France. GALLIA.REDDITA.EVROPAE.APRILE. 1814. ℞ FRANCOIS.I.EMP.D'AUTRICHE.PARIS. Arg. Tranche inscrite. TB.   (*Pl. XXII*).

1065 — Variété arg. tranche inscrite, module de 2 francs. TB.

1066 — Même avers. ℞ AV.PACIFICATEUR.DE.L'EVROPE. Chiffre d'Alexandre I, Empereur de Russie. Cuivre, tranche lisse, module de 2 francs. TB.

1067 — **Suisse. Canton de Lucerne.** 4 franken 1814 au Suisse debout. B.

Napoléon II

1068 — Essai de cinq francs 1816 argent à la tête enfantine à g. TB.   (*Pl. XXII*).

1069 — Essais de deux francs 1816 a sa tête enfantine à g. Argent et cuivre. Ens. 2 p. TB.

1070 — Essais du quart 1816, argent; de 3 centimes et de 1 centime (deux variétés d'épaisseur) à la tête enfantine à g. Ens. 4 p. arg. et cuivre. TB.

Louis XVIII (1814 à 1824).

1071 — **Première Restauration.** 1814-1815. 20 francs or à son buste habillé à dr. par Tiolier, frappé à *Paris* 1814. FDC.   (*Pl. XXII*).

1072 — 5 francs à son buste habillé à g. par Tiolier. *Bordeaux* 1814. TB.

1073 — 5 cent. cuivre 1814 aux 2 L cursives affrontées du siège d'Anvers. TB.

1074 — Le Duc de Berry visite la Monnaie de *Lille*. 5 août 1814. Module de 5 fr. argent au buste de Louis XVIII à g. par Tiolier. TB.   (*Pl. XXII*).

1075 — Variété en cuivre. TB.

1076 — **Exil durant les Cent Jours.** 20 francs or à son buste habillé à dr. 1815. Différent R et fleur de lis. Cette pièce a été frappée à *Londres* ou à *Gand*. TB.   (*Pl. XXII*).

1077 — **Deuxième Restauration**. 1815-1824. 5 francs au buste de Louis XVIII à gauche, par Michaut, *Toulouse* 1824. TB.

1078 — 2 francs 1817 *Paris*, 1 franc 1817 *Paris* ; Demi franc 1823 *Paris* ; Quart de franc 1817 *Paris*. Ens. 4 p. TB.

1079 — Essais de dix centimes 1821 *Paris*, module de 5 centimes sans date. Essais *Colonies Françaises* de 10 centimes et 5 centimes 1821 *Paris*. Ens. 4 p. cuivre plus 2 p. billon. 10 centimes *Isle de Bourbon* 1816 et 10 centimes *Guyanne Française* 1816. Ens. 6 p. TB.

1080 — Monsieur, Frère du Roi, visite la Monnaie de *Paris*. 11 juin 1818. Essai module de 5 francs à son buste en uniforme à g. par Tiolier. Bronze. TB.

Charles X (1824 à 1830).

1081 — Cinq francs. *Lille* 1827 à sa tête nue à g., par Michaut. ℞ Ecu de France couronné. TB.

1082 — 2 francs *Bordeaux* 1825 ; 1 franc *La Rochelle* 1825, Quart *Paris* 1828. Ens. 3 pièces. TB.

1083 — Essai de Moreau Monnayeur, module de 2 francs ; Colonies Françaises, 10 centimes et 5 centimes. Ens. 3 p. Cu.

1084 — Le Prince de Salerne, Madame Duchesse de Berry visitent la Monnaie de *Paris*. 22 juillet 1825. Module de 5 francs arg. à la tête de Charles X à g. par Tiolier. TB.   (*Pl. XXII*).

1085 — Charles X visite sa Monnaie de *Lille*. 8 septembre 1827. Module de 5 fr. bronze à sa tête à g. par Tiolier. TB.

1086 — Le Duc de Bordeaux visite la Monnaie de *Paris* le 24 décembre 1828. Module de 5 francs bronze à ses armes. TB.

1087 — **Monnaies particulières d'époques diverses**. Mines d'*Aniche*. 30 sols 1820 et 12 sols sans date. Mines d'*Anzin*. Mines de *Fresnes*. Fabrique du Vast. 10 cent. et 5 cent. sans date. Ens. 5 p. Cuivre. B et TB.

Henri V. Prétendant

1088 — Cinq francs arg. au buste en uniforme à g. ℞ Ecu de France couronné. 1831. FDC.   (*Pl. XXII*).

1089 — Même avers. ℞ Légende : VISITE.A.L'ANGLETERRE.1845. FRAPPE.A.LONDRES. Module de 5 francs arg. TB.   (*Pl. XXII*).

1090 — Un franc à son buste en uniforme à g. 1831. Demi franc à sa tête à g. 1833. Demi franc à sa tête à dr. 1858. Ens. 3 p. arg. TB.   (*Pl. XXII*).

1091 — Essai de 5 francs à sa tête barbue à g. par Gapel. ℞ Ecu de France 1874. Arg. FDC.   (*Pl. XXIII*).

Louis Philippe Ier (1830 à 1848).

1092 — Essais de la pièce de 100 fr., à la tête nue à g., par Montagny 1831 ; Bogat 1831 ; à la tête laurée à g., par Domard, sans date. Ens. 3 p. étain. TB.

1093 — 5 francs à la tête nue à dr. par Tiolier. ℞ LOUIS.PHILIPPE.ROI.DES.FRANCAIS. *Paris* 1830. TB.   (*Pl. XXIII*).

1094 — Louis-Philippe visite la Monnaie de *Rouen*. 18 mai 1831. Module de 5 fr. à sa tête laurée de chêne à dr. par Domard. Ens. 5. p. arg. et bronze. TB.   (*Pl. XXIII*).

1095 — 5 francs à sa tête laurée de chêne à dr. par Domard. *Paris* 1846. FDC.

1096 — 5 francs   —   —   pièce incuse. arg. TB.

1097 — 2 francs 1835 *Lille* ; 1 franc 1831. 1846, *Rouen* ; 1/4 franc 1832 *Paris* ; 25 cent. 1848 *Paris* ; *Guyane Française*. 10 centimes billon 1846 ; double fanam, fanam et demi fanam 1857 de *Pondichéry* au coq. Ens. 9 p. billon et argent, plus une cache en cuivre de *Pondichéry* au coq 1836, toutes TB.

1098 — Décimes, 5 centimes, 2 centimes, 1 centime, essais divers en cuivre pour la Refonte des Monnaies de cuivre, plus un essai de 5 centimes de *Dijon* sans date en cuivre traversé d'une barre d'argent. Ens. 12 p. TB

1099 — **Algérie.** Piastre d'argent de El. Hossayn Pacha et une petite monnaie cuivre d'Abd-el-Kader. Ens. 2 p. TB.   (*Pl. XXIII*).

Deuxième République (1848-52).

1100 — Cinq francs à l'Hercule, de Dupré. 1849 *Paris*. FDC.

1101 — Cinq francs à la tête de Cérès à g., par Oudiné. 1849 *Paris*. FDC.

1102 — Essai de cinq francs en bronze, par Alard 1848. TB.

1103 — Essai de cinq francs en piéfort étain à la tête de face, par Farochon 1848, tranche en relief CONCOURS. TB.

1104 — Essai de cinq francs, de Mallet, à la tête de République couronnée de chêne à g. 1849. TB.   (Pl. *XXIII*).

1105 — Presses Monétaires du *Chili*. Essai 1851, module de 5 francs à la tête de République couronnée d'enfants à g., par Barre. Métal plaqué d'argent et deux autres essais pour le *Chili* 1851, par Barre, en cuivre. Ens. 3 pièces. TB.
                                           (Pl. *XXIII*).

1106 — Pièces d'essais de 10 centimes 1848 à la tête de République, par Alard, Domard, Gayrard, Montagny, Rogat et non signées. Ens. 7 p. cuivre. TB.

1107 — Piéfort de l'essai de 10 centimes, de Rogat, à la tête de Pallas casquée à gauche, 1848. Tranche en relief : CONCOURS MONÉTAIRE. Cuivre. TB.

1108 — Piéfort cuivre tranche lisse de l'essai de 20 francs 1848 à la tête d'Hercule coiffée de la peau de lion à dr. TB.

1109 — 50 centimes 1851 *Paris*. 20 centimes *Bordeaux* 1850 ; centimes *Paris* 1848, 1849, 1850 et 1851. Ens. 6 p. arg. et cuivre. TB.

1110 — **Gouvernement provisoire de Lombardie.** Ecu de 5 lire. *Milan* 1848 à l'Italie libre debout.

1111 — **République Romaine.** Obsidionales non officielles à la louve 1849 de 10 baiocchi, 20 baiocchi, 10 baiocchi et 5 baiocchi en cuivre argenté sur flans en losange. Ens. 4 p. TB.

1112 — 8 baiocchi, 4 baiocchi, 3 baiocchi et baiocco à l'aigle passé en une couronne éployé sur un faisceau 1849. Ens. 4 p. billon et cuivre. B et TB.

1113 — **République de Venise.** 5 lire au lion de Saint-Marc à g. 22.MARZO.1848. 5 centesimi 1849 au lion de Saint-Marc de face. Ens. 2 p. arg. et cuivre. TB.

1114 — **Louis Napoléon Bonaparte.** Président. 5 francs 1852 *Paris*, à sa tête à g. par Barre. FDC.   (Pl. *XXIII*).

Napoléon III Empereur (1852 à 1870).

1115 — 5 francs or petit module tranche lisse 1854 *Paris*, à sa tête nue à gauche, par Barre. TB.

1116 — Variété. tranche cannelée. *Paris* 1854. Or. B.

1117 — Variété, grand module. *Paris* 1860. Or. TB.

1118 — Cinq francs argent. tête nue à g. par Bouvet. *Paris* 1855. presque FDC.

1119 — Un franc 1859 *Paris*. 20 centimes 1859 *Paris* et 4 pièces cuivre. modules de 10 centimes et 5 centimes (Visites à la Monnaie de *Paris*. à *Lille*. etc.). Ens. 7 p. arg. et cuivre. TB.

1120 — Module de 10 centimes à la tête de Napoléon III à g. 1854. ☒ A.NAPOLÉON.I. LA.CHAMBRE.DE.COMMERCE.DE.LILLE. Arg. TB.   *Pl.* **XXIII**.

1121 — Cinq francs à la tête laurée a g. par Barre. *Strasbourg* 1870. TB.

1122 — Franc 1868 *Paris*, 20 centimes 1866. 1867 *Strasbourg*. 10, 5, 2 et 1 centime. *Strasbourg* 1861. Ens. 7 p. à la tête laurée. Arg. et cuivre. TB.

1123 — Module de 5 francs. NEAPOLIO.IMPERATOR. Tête laurée de Napoléon III à g. ℞ FINIS.GERMANIÆ. 1870. Arg. TB.   (*Pl.* **XXIII**.

1124 — **Travaux du Canal de Suez**. 1 franc 1865 2 variétés. 20 centimes 1865. *Abbadou en Kabylie*. 1 journée 1868. Ens. 4 p. Cu. B et TB.

Napoléon IV Prétendant

1125 — Essai de 5 francs arg. 1874 à sa tête à g. et à ses armes. FDC.
                   (*Pl.* **XXIII**).

1126 — Essai de 1 franc argent 1874 et de 10 centimes cuivre 1874 à sa tête a g. Ens. 2 p. TB.

Troisième République depuis 1870

1127 — 5 francs à la tête de Cérès. par Oudiné 1870 *Paris*, 2 variétés avec ou sans la légende LIBERTE. EGALITE... au revers. B et TB.

1128 — 5 francs de la *Commune*. *Paris* 1871 à l'Hercule; différent le trident de Camélinat. FDC.   *Pl.* **XXIV**).

1129 — 10 centimes de 1870 *Paris* et *Strasbourg*. Ens. 2 p. Cu. TB.

1130 — 20 francs or, par Chaplain 1899. FDC.

1131 — 10 francs or, par Chaplain 1899. FDC.

1132 — 2 francs 1898, 1 franc 1898, 50 centimes 1897, 1898. Ens. 4 p. à la semeuse de Roty, frappées à *Paris*. FDC.

1133 — 2 francs frappées à *Castelsarrazin* 1914 à la lettre C et au type de la semeuse de Roty. FDC.   (*Pl. XXIV*).

1134 — 1 franc frappé à *Castelsarrazin* 1914 aux mêmes types. FDC.

1135 — 10 centimes et 5 centimes de Daniel Dupuis 1916 frappés à l'étranger durant la guerre. 2 centimes et 1 centime 1898 en double exemplaire dont l'un patiné. Ens. 6 p. Cu. TB.

1136 — Essais en aluminium de 10 centimes et de 5 centimes 1909 à la tête de République de 3/4 à gauche en un cercle creux. Ens. 2 p. TB.

Essais satiriques

1137 — **Thiers**. Son buste à g. entouré d'éteignoirs 1685. ᵣ L'éxécution de Satory. Essai arg. de 5 francs 1872. FDC.   (*Pl. XXIV*).

1138 — **Mac-Mahon I.** Sa tête à g. Armes couronnées formées des 3 lis de la Royauté, de l'Aigle de l'Empire et du bonnet phrygien de la République. Essai arg. de 5 francs 1874. FDC.   (*Pl. XXIV*).

1139 — **Gambetta**. Son buste à g. ᵣ LES.FRANÇAIS.UNIS.SONT.INATTAQUABLES. Le Génie écrivant. Essai arg. sans date de 5 francs. FDC.   (*Pl. XXIV*).

Colonies Françaises

1140 — **Annam**. Tu Duc. Lang ou barre en or de 60 piastres, rectangulaire. TB.
                                                                      (*Pl. XXIV*).

1141 — Une monnaie arg. du même et 2 grandes monnaies de Thieu Tri. Ens. 3 p. arg. B et TB.   (*Pl. XXIV*).

1142 — **Cochinchine**. 50 cent., 20 cent., 10 cent., sapèque 1879. Ens. 4 p. arg. et cuivre. TB.

1143 — **Comores**. Saïd Ali. Piastre arg. frappée à *Paris* aux 2 drapeaux. TB.
                                                                      (*Pl. XXIV*).

1144 — **Indo-Chine**. Piastre de Commerce 1889, 10 cent. 1885, cent. 1885, 1896, 1900, sapèque 1887, 1894. Ens. 7 p. arg. et cuivre.

1145 — **Madagascar**. La Reine Ranavalo. Cinq francs arg. et 10 centimes cuivre 1883 à la couronne au dessus de 2 palmes. Ens. 2 p. TB.   (Pl. **XXIV**).

1146 — 5 francs arg. 1886 au buste de la Reine presque de face. R B couronnée. TB.   (Pl. **XXIV**).

1147 — **Maroc**. Piastre 1299, Quart de piastre arg. 1321 : 10 mouzouna 1330 en cuivre. Ens. 3 p. TB.

1148 — 1 franc et 50 cent. 1897. **La Réunion**. 1 franc et 50 cent. 1896. Ens. 4 p. maillechort. TB.

1149 — **Tunisie**. 2 francs 1892, 1 franc 1891. 50 cent. 1891, 10 cent. 1892. 5 cent. 1891, 2 cent. 1891, 1 cent. 1891. Ens. 7 p. argent et cuivre. TB.

1150 — **Divers**. Lafayette dollar des Etats-Unis d'Amérique aux têtes accolées de Washington et Lafayette. R PARIS 1900. Arg. TB.

1151 — 5 centimes des Mines de l'Argentière des Bornettes 1887. Cu. TB.

La Collection des Jetons Monnaies émis par les Villes de France durant la guerre 1914-1918, réunie par M. V. Lioreau, a été offerte par lui au Département des Médailles de la Bibliothèque Nationale, à Paris.

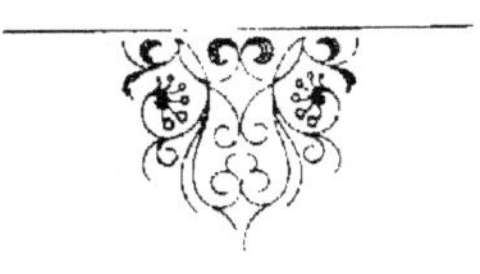

Le Catalogue des **MONNAIES FÉODALES FRANÇAISES et MÉDAILLES**, 4ᵉ vente de la **Collection LUNEAU**, est actuellement en préparation. Il sera luxueusement édité, avec de nombreuses planches de reproductions, au prix de 10 francs l'exemplaire.

Le Catalogue des **LIVRES DE NUMISMATIQUE** de la **Collection LUNEAU** est actuellement à l'impression. La vente en aura lieu prochainement. — Prix de l'exemplaire : 3 francs.

Prière de bien vouloir se faire inscrire chez l'expert : M. Cl. PLATT, 19, Rue des Petits-Champs - Paris (1ᵉʳ), *pour l'obtention de ces catalogues.*

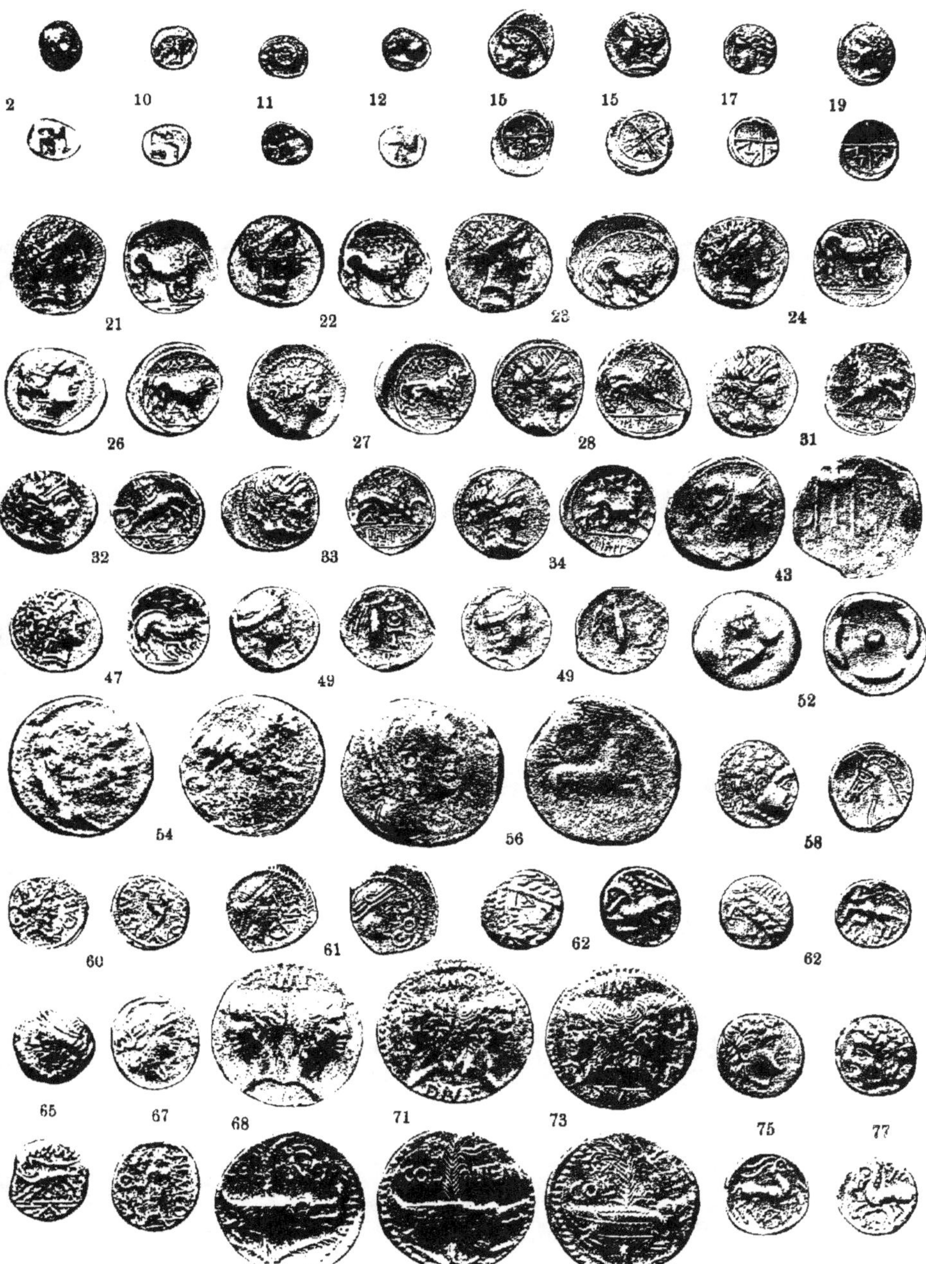

2
10
11
12
15
15
17
19
21
22
23
24
26
27
28
31
32
33
34
43
47
49
49
52
54
56
58
60
61
62
62
65
67
68
71
73
75
77

80
81
84
86
88
89
99
101
103
106
107 OR
109 OR
110 OR
111 OR
112 OR
113 OR
114 OR
115 OR
116
118
124 EL
125 EL
126 EL
128
129
130
132 EL
136
138
138
139 EL
140 EL
141 EL
142 EL

143
143
145
147
149 EL
150
151
155
158 OR
159
160
167 OR
168 OR
169 OR
171 OR
172 OR
173
175
175
177
182
182
188
190
191 OR
192 OR
193
193
199
202
205 OR
210 OR
214 OR
215 OR

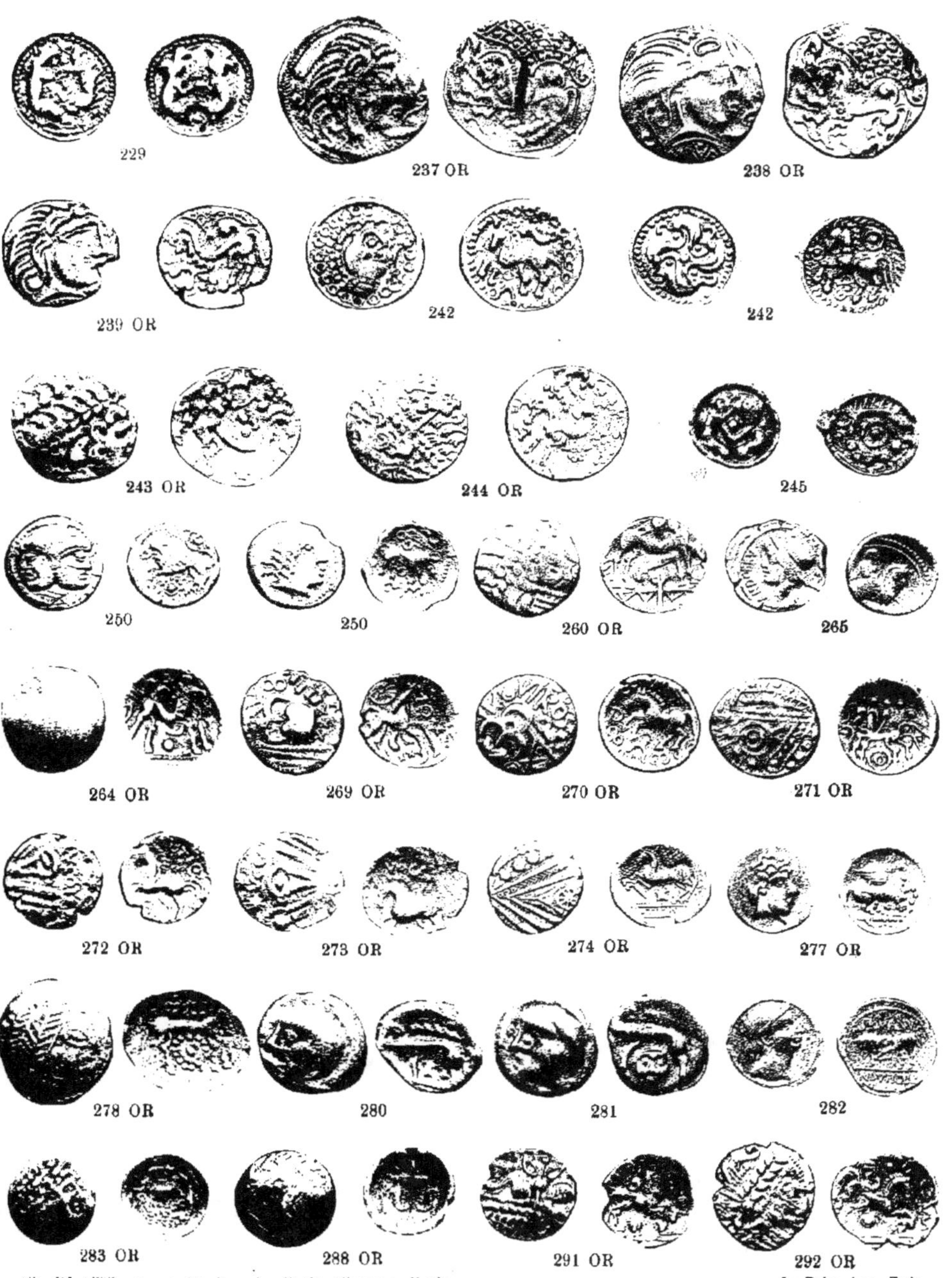

229

237 OR

238 OR

239 OR

242

242

243 OR

244 OR

245

250

250

260 OR

265

264 OR

269 OR

270 OR

271 OR

272 OR

273 OR

274 OR

277 OR

278 OR

280

281

282

283 OR

288 OR

291 OR

292 OR

Ch. PLATT, expert, 19, Rue des Petits Champs, Paris.

Le Deley. imp., Paris

296
297
95 OR
298
300
301
304
306
307
308
310
311
312
313
315
316
317
319
320
321
322
325
326
329
332 OR

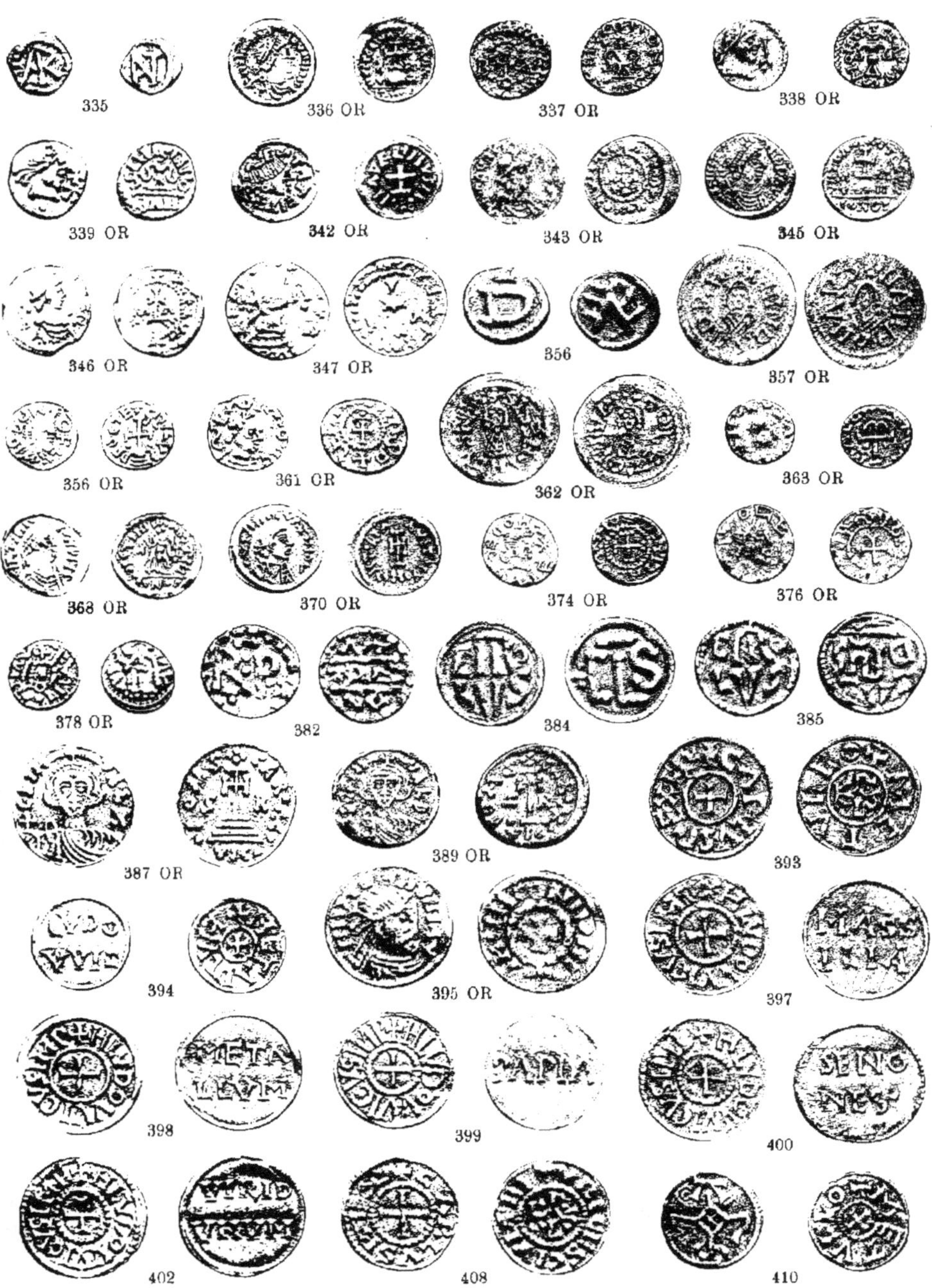

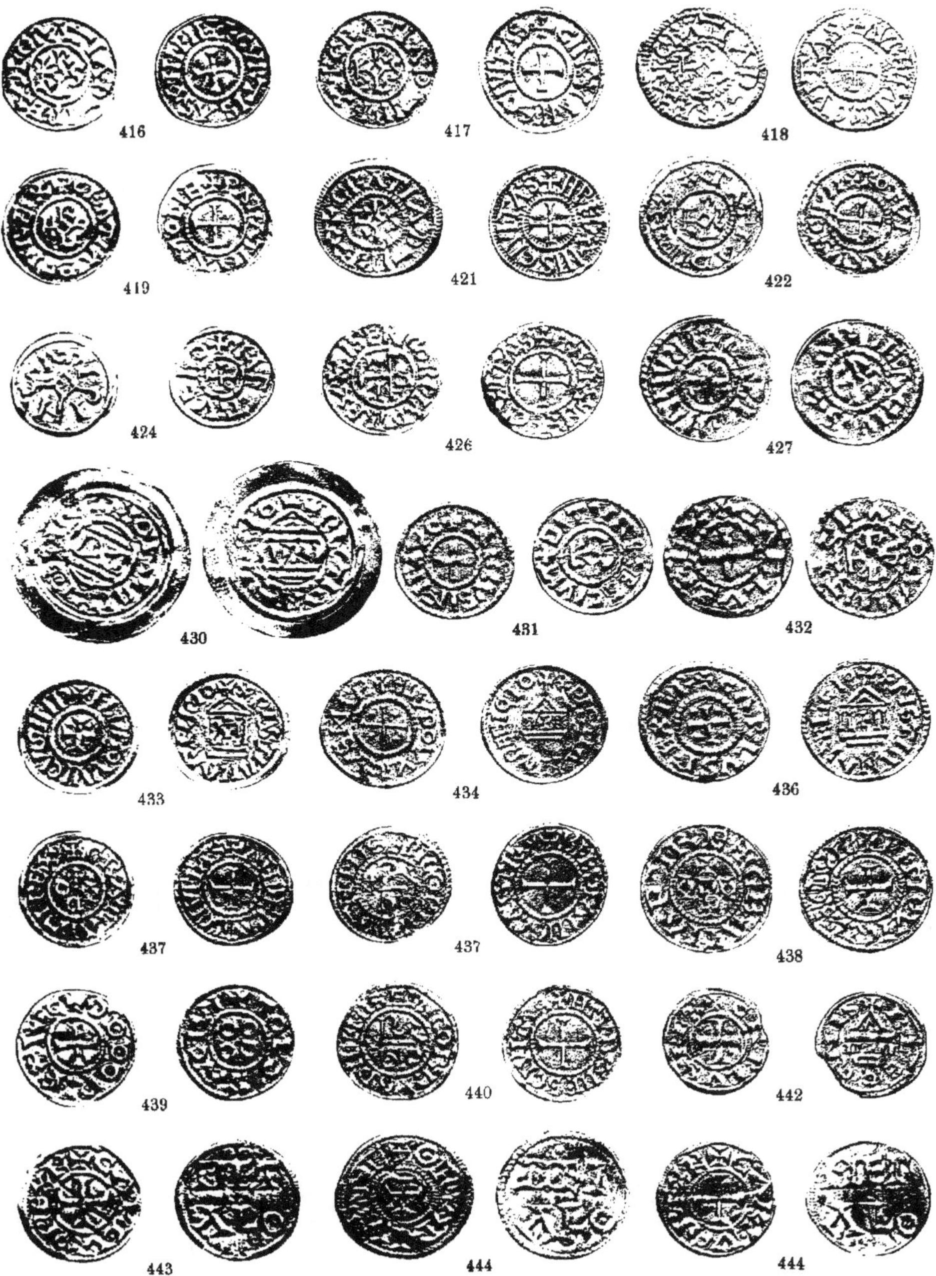

416 417 418
419 421 422
424 426 427
430 431 432
433 434 436
437 437 438
439 440 442
443 444 444

Ch. PLATT, expert, 19, Rue des Petits Champs, Paris.

Le Deley, imp., Paris

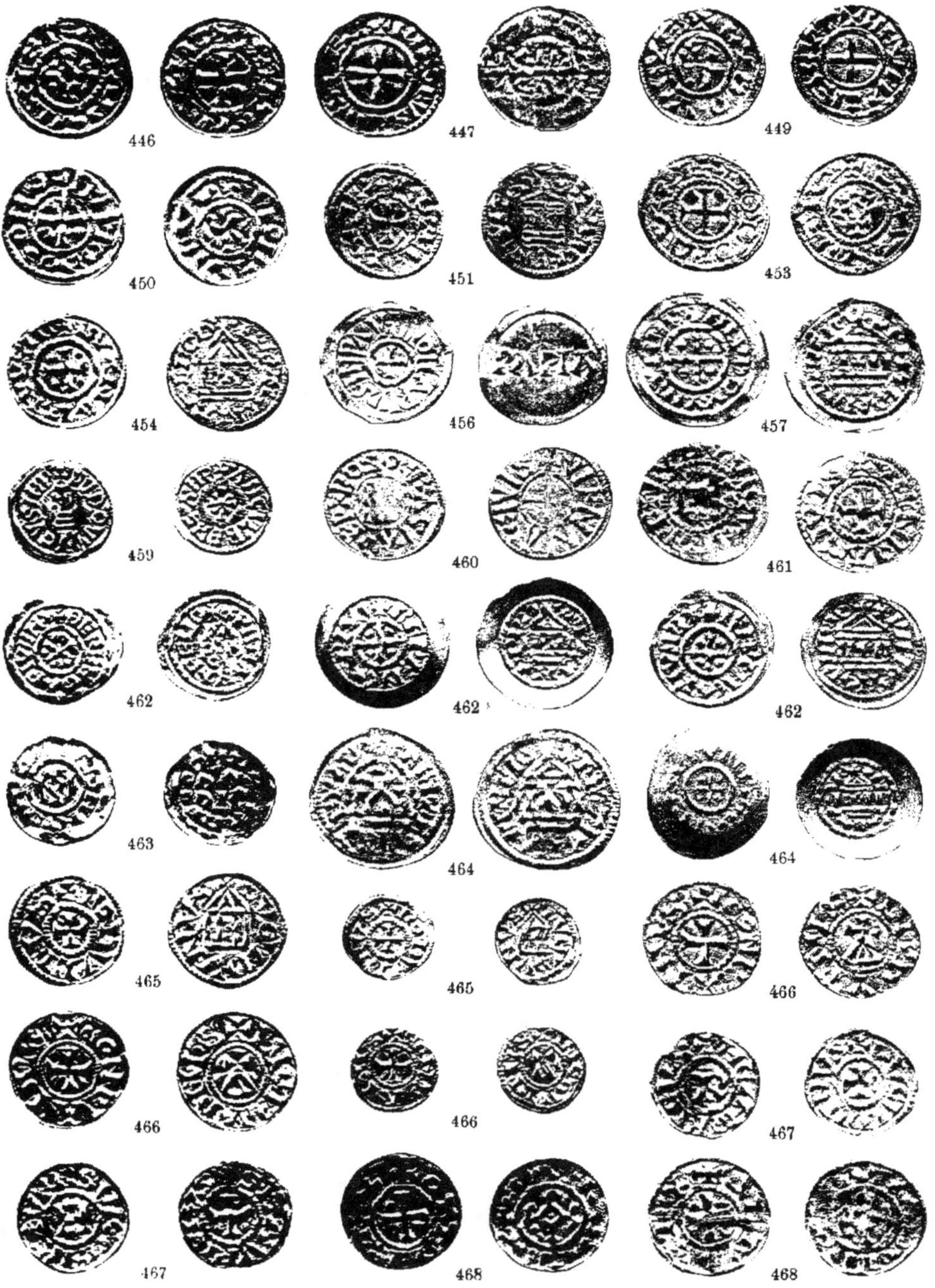

446 447 449
450 451 453
454 456 457
459 460 461
462 462 462
463 464 464
465 465 466
466 466 467
467 468 468

468
468
469
469
469
470
473
474
477
480
485
486
486
490
491
491
493
494
496
498 OR
497 OR
499
502
503 OR

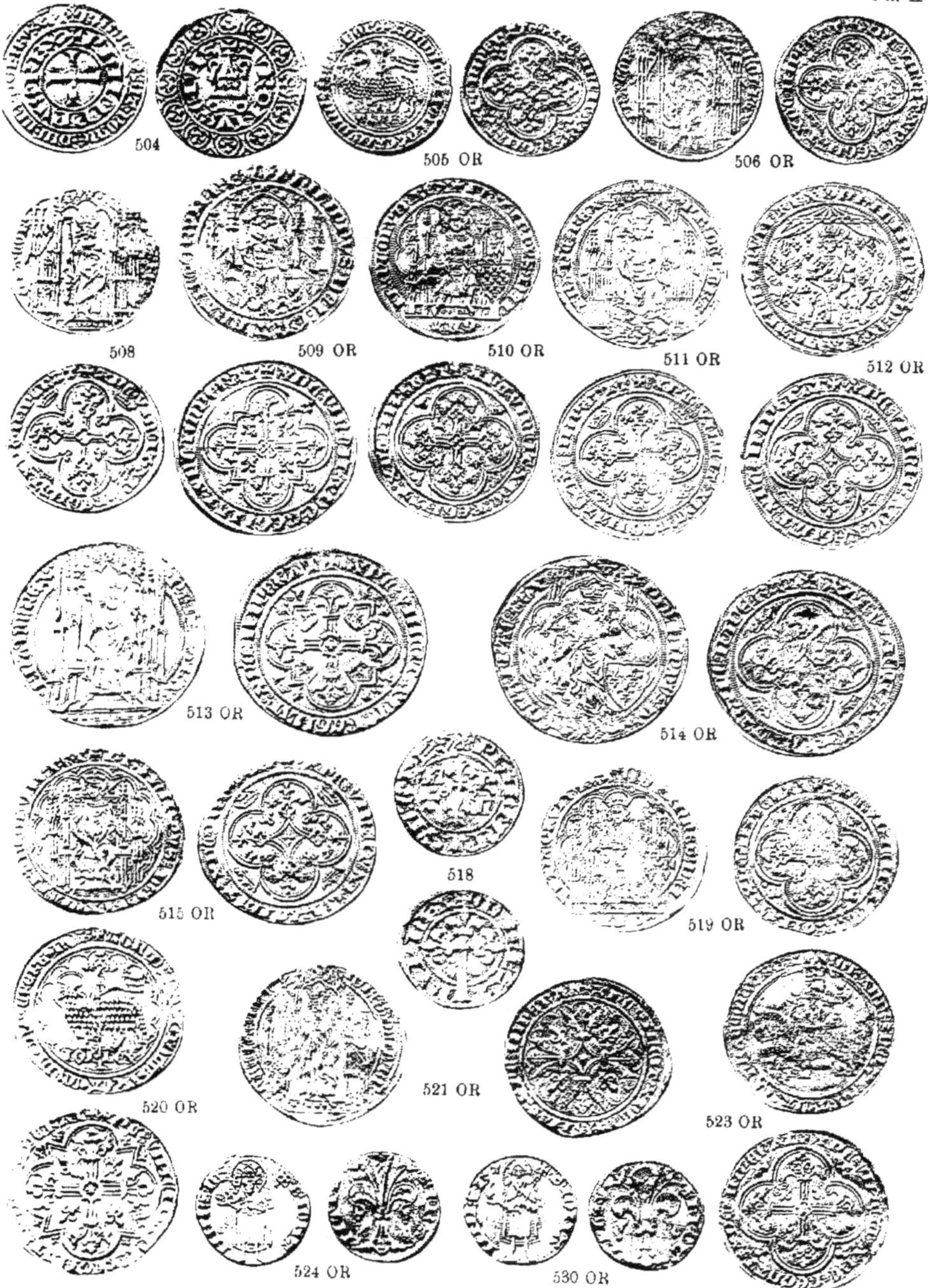

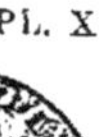

504 — 505 OR — 506 OR — 508 — 509 OR — 510 OR — 511 OR — 512 OR — 513 OR — 514 OR — 515 OR — 518 — 519 OR — 520 OR — 521 OR — 523 OR — 524 OR — 530 OR

Ch. PLATT, expert, 19, Rue des Petits Champs, Paris.

Le Deley, imp., Paris

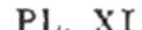

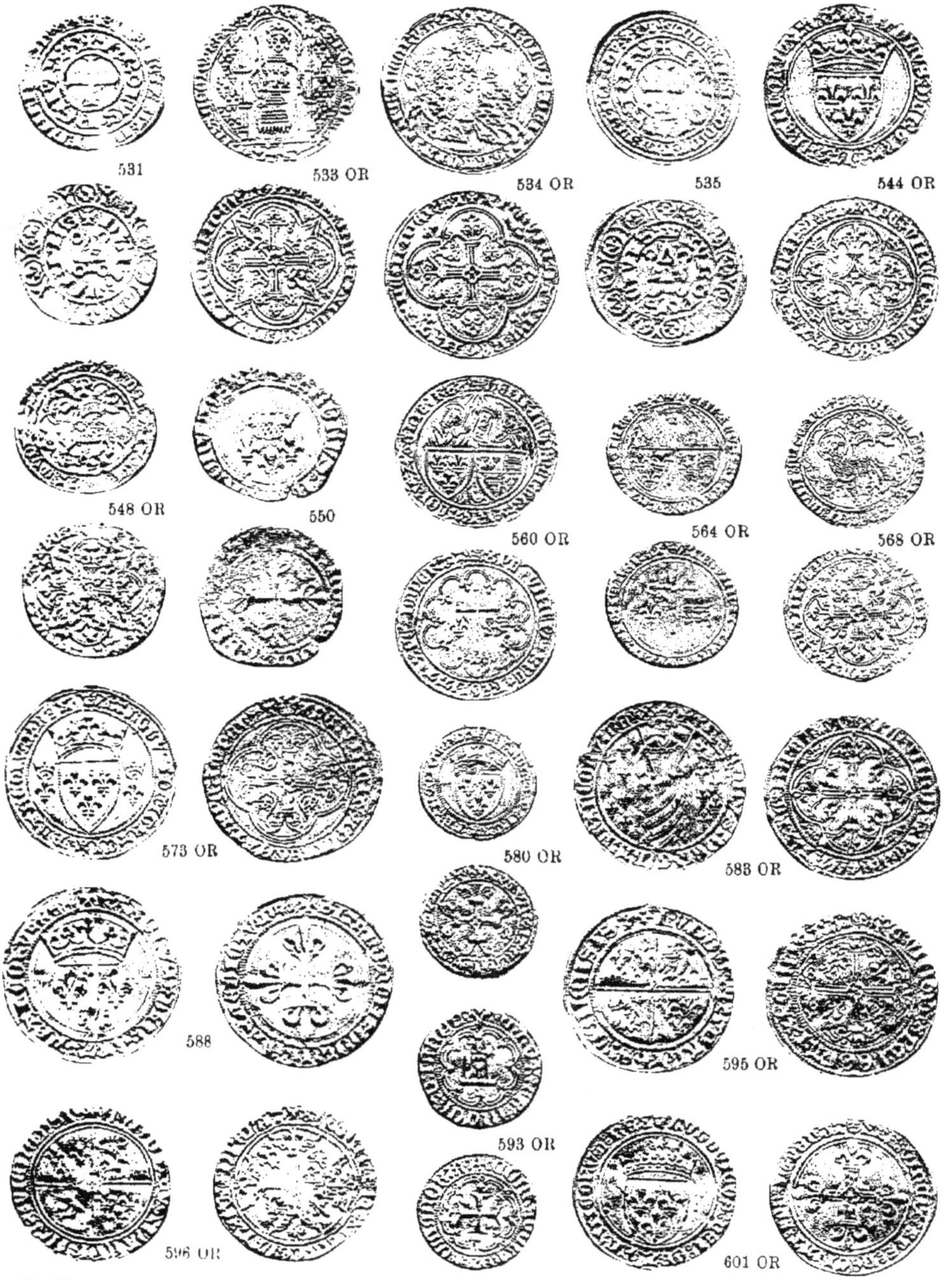

531 — 533 OR — 534 OR — 535 — 544 OR

548 OR — 550 — 560 OR — 564 OR — 568 OR

573 OR — 580 OR — 583 OR

588 — 595 OR — 593 OR

596 OR — 601 OR

Cl. PLATT, expert, 15, Rue des Petits Champs, Paris.

Le Deley, imp., Paris

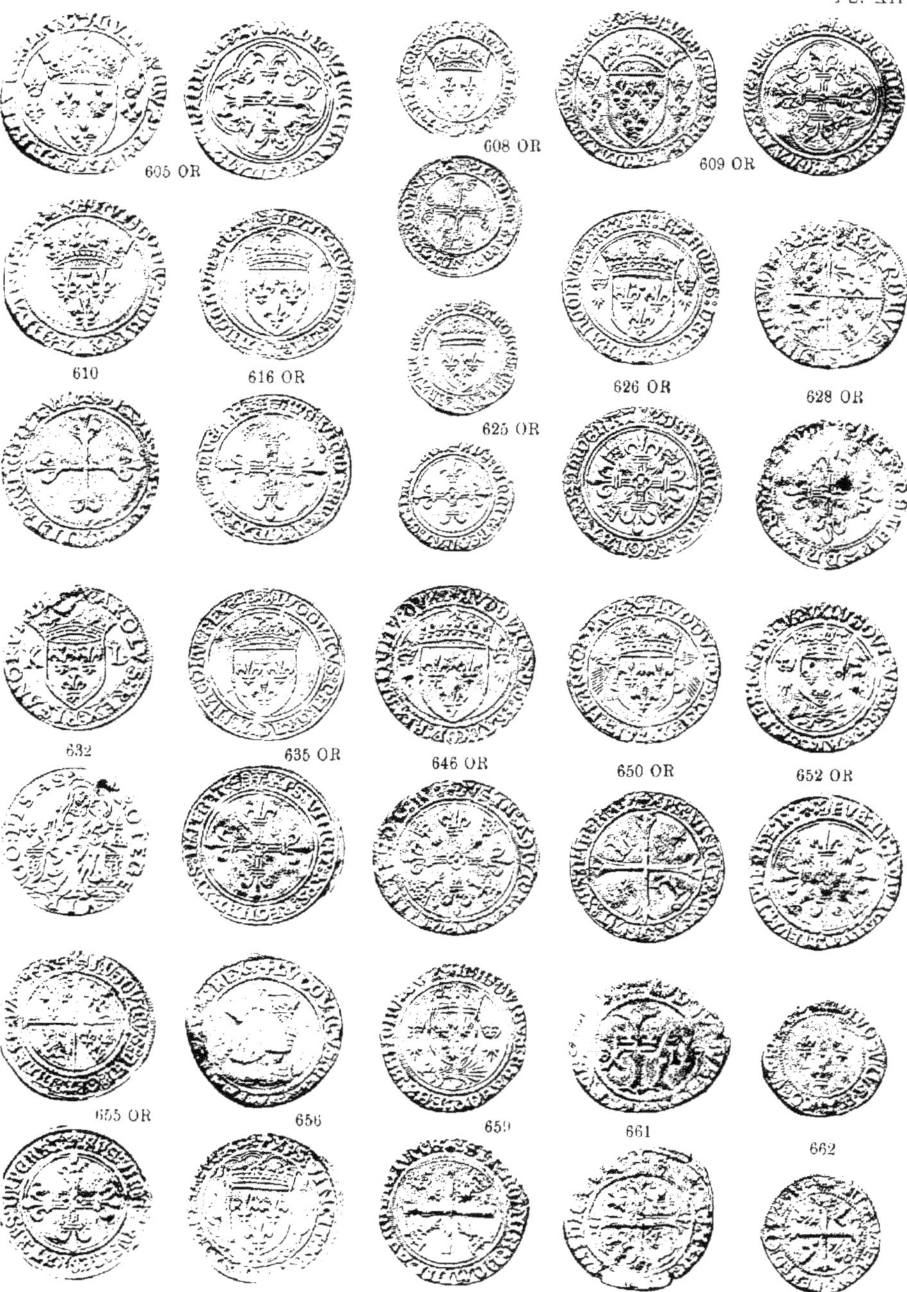

605 OR
608 OR
609 OR
610
616 OR
625 OR
626 OR
628 OR
632
635 OR
646 OR
650 OR
652 OR
655 OR
656
659
661
662

663

665

667

668

671

672 OR

673 OR

676 OR

681 OR

682 OR

684 OR

686 OR

688 OR

690 OR

691 OR

692

693

695
698
700
703
712
713
716 OR
718 OR
719 OR
720 OR
721 OR
722
725
726
727
728
729
732

732
736
738
740
742
743
745 OR
748 OR
751
755
756
758 OR
762
765
767
777
767
770
780

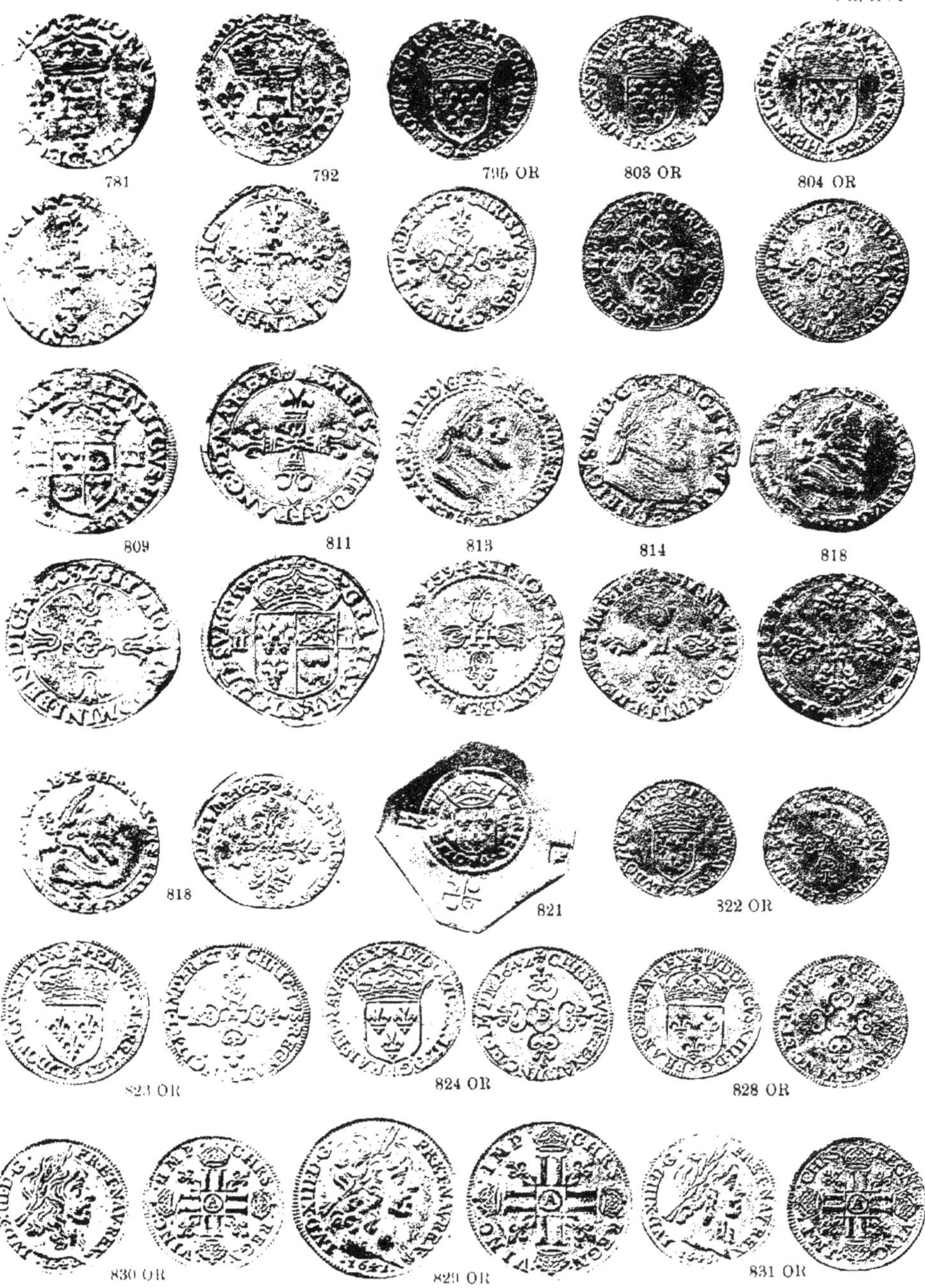
781
792
795 OR
803 OR
804 OR
809
811
813
814
818
818
821
322 OR
823 OR
824 OR
828 OR
830 OR
829 OR
831 OR

842
832 OR
841
833 OR
844
851 OR
852 OR
853 OR
854 OR
856 OR
855 OR
858 OR
860 OR
863 OR
868
873

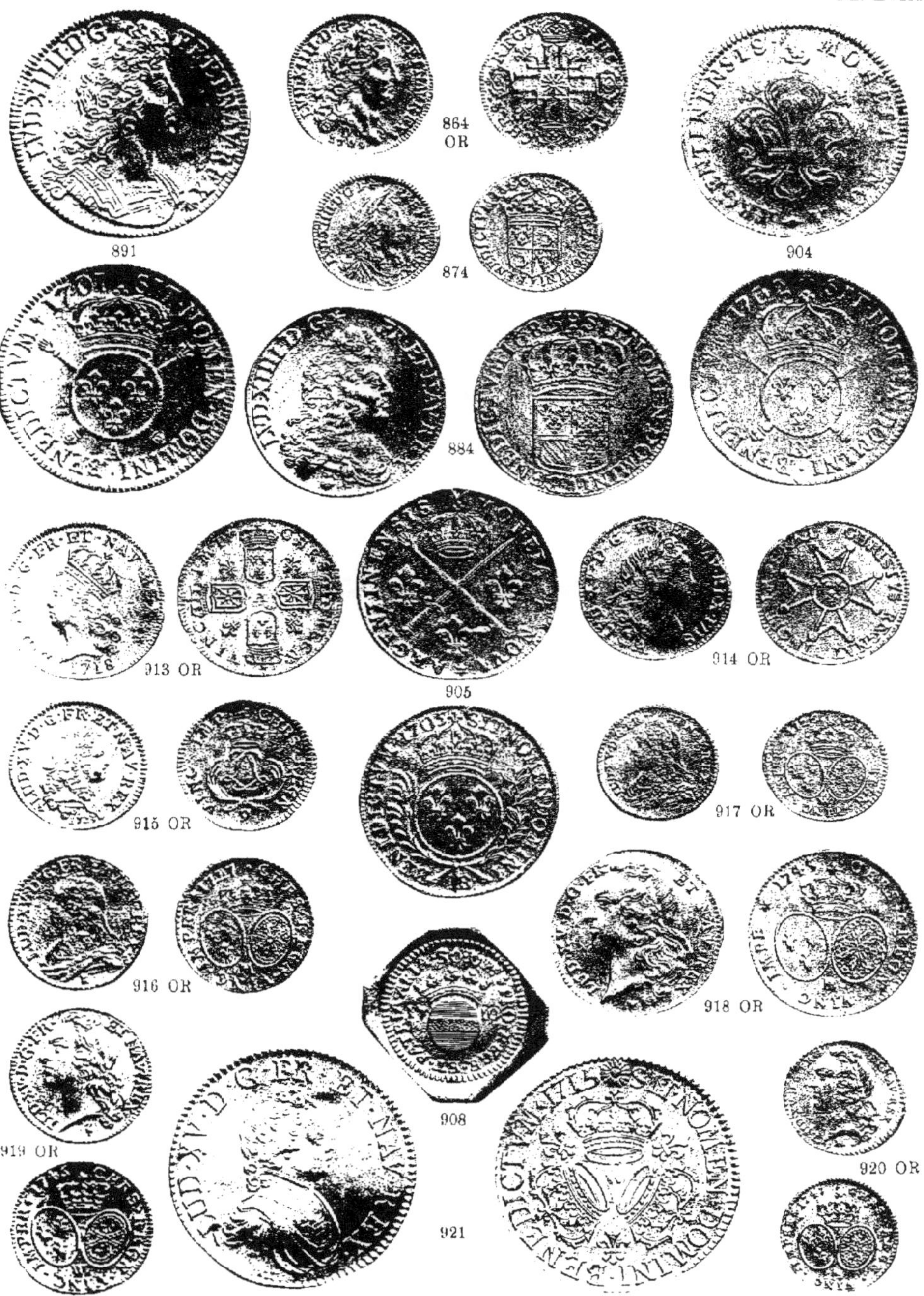

891
864 OR
874
904
884
913 OR
905
914 OR
915 OR
917 OR
916 OR
908
918 OR
919 OR
921
920 OR

967
969
976
980
990
997
999
1007
986
991
1000   OR
1008   OR
1023   OR

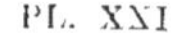

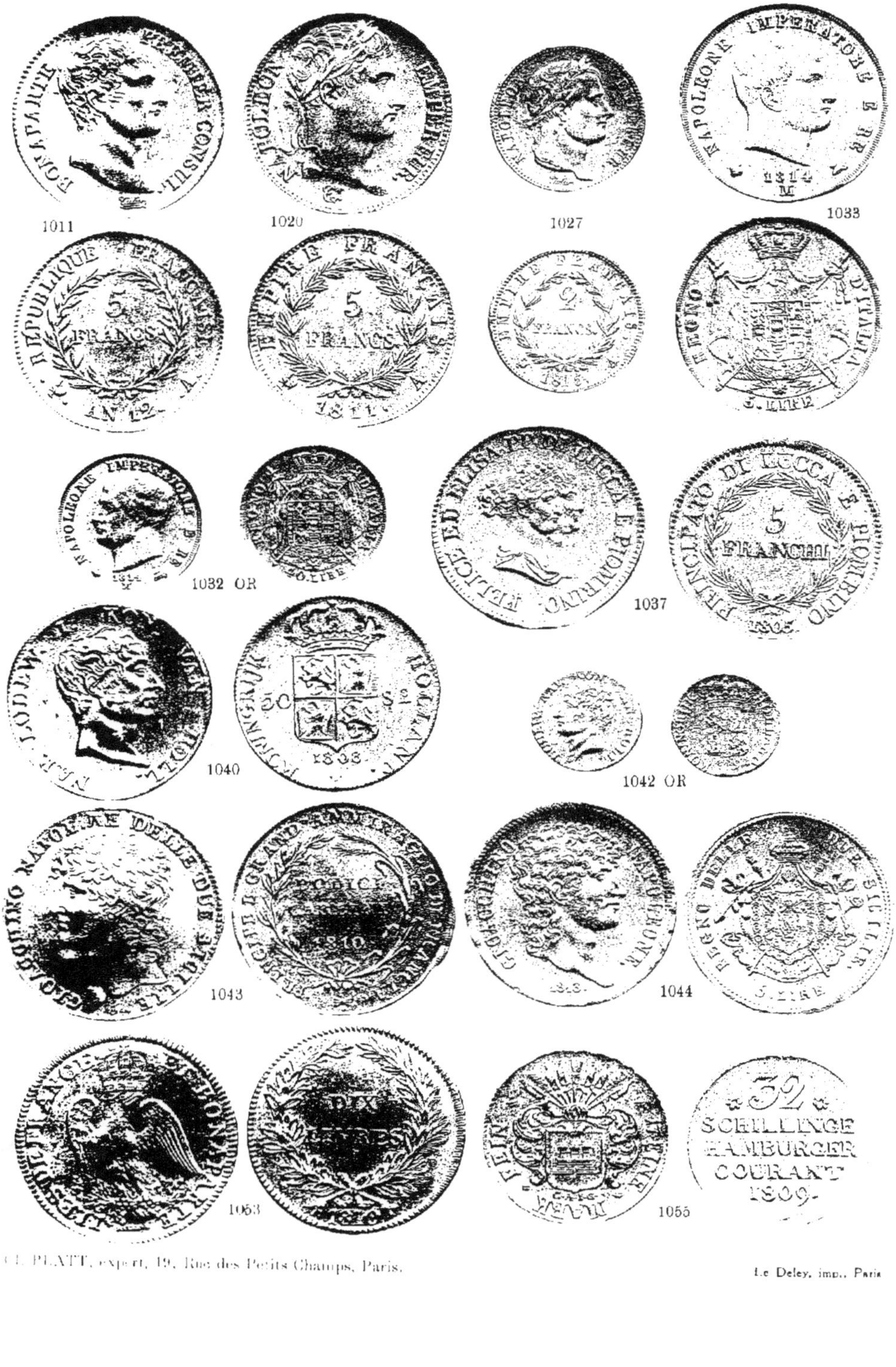

1011 1020 1027 1033

1032 OR 1037

1040 1042 OR

1043 1044

1053 1055

Ch. PLATT, expert, 19, Rue des Petits Champs, Paris.

Le Deley, imp., Paris

1128

1133

1137

1138

1139

1140 OR

1141

1143

1145

1146